精神疾患の元新聞記者と
発達障害の元新聞記者が
お互いを取材してみた。

はじめに

私たちは、「精神疾患」の当事者として、また「発達障害」の当事者として、それぞれに診断を受け、生きづらさを抱えながらも、日々を何とか楽しく生きています。

出会いはふとしたものでした。二人とも退職はしていますが、かつて「新聞記者」であったことや、お互いに何がしかの「表現」をすることで現在の心の安寧を得ていることなど、共通点が多かったことから意気投合し、友人関係となり、お互いの経験や想いを取材し合うことで「同じ疾患や特性で苦しんでいる方々に前向きなメッセージが届けられるのでは？」とこの対談本を企画するに至りました。

しかし、いざ対談と編集を開始してみると、お互いの特性の「違い」から、なかなか進まず、時には数カ月も全く連絡を取り合わない、正確に言うと「取り合えない」状況になったりして、結果、完成には三年近い年月を必要としました。

毎日原稿を書いて翌日にはその原稿が掲載されるという日刊の「新聞メディア」に携わって

いた私たちとしては壮絶なスローペースではありますが、なかなかスムーズに進まずとも、この「違い」をお互いに認め合いながら、それでもぼちぼちと前に進め、こうして完成に至ったことこそ尊いのでは、と思っています。

この対談本では我々それぞれの障害や疾患の特性について詳しく紹介しながら、記者時代の思い出やエピソード、現在の活動ぶり、そして「精神疾患」「発達障害」それぞれについての当事者としての実感、考察などを四章十八項目にわたって語り合っています。

今の社会は、誰しもが何がしかの生きづらさを抱えているとも言われますが、この本を手に取られる皆様にとって、何がしかの「安心」につながれば、心から幸いに思います。

天地成行
大橋広宣

【目　次】

第三章　「障害」について考えてみる

第四章　どう特性と向き合い、社会で生きていく？

第一章　「精神疾患」「発達障害」の当事者として

「精神疾患」「発達障害」でともに生きづらさを抱える

天地　今回の対談は、お互いに抱えている疾患や障害特性を理解しあいながら「生きづらさ」や「それでも生きてるよね」「もうちょっと生きてみようか」というようなことをいろいろ話しましょう。よろしくお願いします。

大橋　よろしく。年齢はちょうど十歳違うけど、精神疾患と発達障害という生きづらさを持ちながら、元新聞記者で、今はそれなりに充実した日々を送っている、というところはとても近いものを感じます。

天地　ではまずお互いの自己紹介とまいりましょうか。

大橋　大橋広宣《おおはしひろのぶ》です。一九六四年（昭和三十九年）十二月十九日生まれ。俳優の反町隆史さん、ハリウッドスターのジェイク・ギレンホールさんと同じ誕生日です。山口県山口市の生まれで、射手座のAB型です。大学卒業後に十七年間の地方紙記者を経て、フリーランスになってちょうど十八年になります。現在はライターとして雑誌などの取材や執筆をしているほか、映画コメンテーター・タレントとして地元民放局でテレビ出演もして映画の紹介・解説をしています。

映画関係では山口県周南市で開催している「周南『絆』映画祭」の実行委員長をさせていただいていて、トークショーや舞台挨拶などの司会もしています。地元のケーブルテレビでは福祉番組の企画・制作もやっているほか、子どもの頃からの夢だった映画製作にも関わっています。

天地　幅広いですよね。大橋さんは映画コメンテーターの「マニィ大橋」として、山口県内では有名人です。私から見たら大橋さんはスーパースターですよ。

大橋　そんなことはないですよ。かなり背伸びして頑張っているので、そう見えるだけです。幅広いようでいて、僕としては幼少期から好きでこだわってきた「表現すること」しかできず、多くの人が簡単にできることが圧倒的に苦手でできません。この辺り、化けの皮はのちのちこの対談で剥がれると思うので、楽しみにしておいてください（笑）。では、天地さんの自己紹介をどうぞ。

天地　はい。天地成行《てんちなりゆき》です。もちろんペンネームです。これは写真の上下の大きさである「天地」を、「成り行き」にまかせる時に使う新聞用語に由来しています。私は、一九七四年（昭和四十九年）十二月十三日生まれの射手座A型です。山口県周南市の生まれで、地元の小、中高校を卒業し、隣県の国立大学に入学しました。そのあと、東京に本社がある新聞社に入社します。ちなみに私は織田裕二さんと同じ誕生日らしいです（笑）。

大橋　お互いイケメンと同じ誕生日ですね（笑）。誕生日も近いし、同じ射手座だから、星座占いでは、同じ運命だ（笑）。

天地　新聞社では主に整理部記者としてバリバリ働いていましたが、二十八歳で「統合失調症」を発症し、その後「統合失調感情障害」と診断されました。発症して十年間は勤務・在籍するのですが、三十八歳で退職して山口県に帰り、入院を経て、現在は就労せず、障害年金を受けながら生活しています。その中で師匠について自由律俳句に取り組み、様々な方のサポートを受けながら自身のことや福祉についての情報を発信するミニコミ誌「みんつど」を発行してきました。またこれまでの半生をエッセイ『わたしは山頭火⁉―元新聞記者の告白　統合失調症・闘病記』（株式会社くるとん刊）にまとめて出版しました。現在は「みんつど」発行にひと区切りして、福祉を学ぶ大学生の皆さんなどを対象にした講演活動をぼちぼち始めたところです。日本福祉大学の科目履修生として、精神障害について理解を深めてもいます。

大橋　僕から言わせれば、天地さんこそ自身の疾患と向き合いながら自分の個性を発揮できているスーパースターですよ。

天地　そんなことはないですよ。十分に私はヘンテコです。今もトンネルの中にいると実感します。ところで大橋さんが発達障害の診断を受けたのはいつですか？

大橋　二十三歳の時ですが、子どもの頃から周囲が簡単にできることがひどく苦手だったので、何がしかのハンディがあるんだろうな、とは何となく思っていました。具体的にはADHD（注意欠如多動症）とSLD（限局性学習症）のスペクトラムですね。

天地　スペクトラムって何ですか？

大橋　スペクトラムとは「連続している」という意味です。発達障害当事者の多くは、その特徴が一つだけ、という例は少なくて、様々な特徴が複数現れることが多いのですが、僕はADHDとSLDが交ざっている、ということですね。具体的に言うと、僕は片付けや整理整頓が極端に苦手で、毎日必ず何がしかの忘れ物をします（笑）。自分がこだわっていたり好きなこと以外のことになかなか集中できなかったり、人のペースに合わせるのがひどく苦手です。以上がADHDから来る特徴ですね。あと、簡単な引き算や九九は今もほとんどできず、数字の繰り上がりや繰り下がりがなかなか理解できません。数を一つ一つ数えていくことも難しいですね。まあゆっくりやればできますが、数に関することや計算に集中してしまうと時間がかかってしまい、他のことができなくなってしまいます。これがいわゆるＳＬＤの特徴です。だから、ＡＤＨＤ的な困難と、ＳＬＤ的な困難が混在しています。

天地　なるほど。ですが、大橋さんの取材力の高さや制作される映像のセンスの良さ、映画についての膨大な知識量などはいつも感心しています。

大橋　要は脳機能の凸凹が激しいのです。これも発達障害の特徴の一つかもしれません。ですが、先程褒めてもらいましたが、取材力が高くてもパソコン上の原稿設定や映像についても緻密な放送分数をあわせるといった作業は正直かなりハードルが高いので、そこに膨大なエネルギーと時間をかけるよりは、他のスタッフや機械に遠慮なくサポートしてもらっています。そういう意味では現在はいい環境にいるのかな、とは思います。

天地　お互いに今は落ち着いている、という環境ですよね。

大橋　そうですね。天地さんは「統合失調感情障害」と診断されているということですが、これはどんな疾患なのですか？

天地　ものすごく単純に言うと、見えないものが見え、聞こえないものが聞こえ、考えることが無茶苦茶になることが多いというような統合失調症的なことと、そううつの感情障害のことを併せ持った、ペアの疾患ですね。

大橋　詳しいことはあとで語ってもらいますが、大変でしたね。

天地　そうですね。まさか自分が、という思いはありましたね。

大橋　では、次の項からは、まずは天地さんの生い立ち、そして精神疾患のことを詳しく聞いていきたいと思います。

流されて生きてきた人生

大橋　それではまず、天地さんの生い立ちやこれまでの人生についていろいろ聞いていきたいと思います。

天地　子どもの頃は野球、水泳、合唱と習い事はたくさんやっていましたね。水泳はバタフライができるようになって飽きてしまい、合唱は「なよなよしている」と思って辞めて、野球は始めてすぐレギュラーにはなりましたが、中学校に入ったら変化球が打てず、挫折しました。目立たないけど、勉強はまあまあできていたと思います。正直面白味のない、生徒会長や人気がある生徒をいつもうらやましく思う、超凡人な少年時代でした。

大橋　でも、結構モテていた、と聞いたことがありますけど（笑）。

天地　それは嘘じゃないです。モテ期がぼちぼちありました（笑）。でも女の子から告白されても気づかなかったですね。鈍感でした。教室の隅にいるタイプではなく、学級委員にも選ばれはしましたが、面白みもなかったし、いじめられやすい体質だったと思います。

大橋　いじめられた経験はあるんですね？

天地　あります。小中学校時代ですね。それぞれ同級生から暴力をふるわれました。ただ、集団からいじめを受けるようなことはなかったです。小学校の時はジャイアンのように、誰にでも暴力的な行為をする人でした。母に「いじめられた」と言うと、一緒に家まで行って相手の親に事情を話して収まりました。その後は仲良くなりました。

中学校の野球部では、一緒だった少し悪めの同級生から、部室で急に殴られました。当時プロレスが好きだったので、ヘッドロックで返したら、今度はバットを持ち出して襲ってきたので「タイガー・ジェット・シン（昭和の悪役レスラー。アントニオ猪木氏全盛期の新日本プロレスで活躍。凶器のサーベルを振り回し、「インドの猛虎」の愛称で人気を集めた）かよ」と笑いましたね。先生が血相を変えて家まで来て心配されたことをよく覚えています。

可愛かった小学校５年生の頃〈天地〉

大橋　タイガー・ジェット・シン好きだったなあ。アントニオ猪木さん亡くなりましたね……。ですが、やり返したのは凄いですよ。僕もいじめられたけど、やり返せなかったから。

天地　大橋さんは、「できないがために」いじめられていたという話でしたよね。私は「できるがために」いやがらせやいじめを受けてきたのだと思います。まじめすぎる、ちょっと成績がいい、野球などちょっとスポーツもできる。まじめということでつけ入る人がでてくるわけですね。ほかにも中学では、家までつけてくるヤツもいました（笑）。その面倒なヤツとは、マラソン大会の十位争いを二人でして勝ってからは以来絡まれなくなりましたけど。

大橋　プロレス技といい、マラソン大会といい、きちんと決着をつけているのは凄い。

天地　要は、つけ入れられやすいタイプだから、すぐトラブルに巻き込まれてしまうのだと思います。大人しいというか、ある意味「自分というものがなかった」のでしょうね。それは今も同じで、芯がなく、強くもないし、何が何でも突き進む、というタイプではなかったですね。正直、周囲に流れされて生きてきたような気がします。

大橋　だけど、高校に入るとボランティア部の活動を頑張って、山口県全体の会長にまでなるんですよね。当時、僕が勤務していた新聞の「人」欄に大きく掲載されたのは覚えていますよ。あの欄に高校生が取り上げられることは珍しかったから。最近ふと思い出したのですが、あの取材は僕がしたかもしれません。

ボランティア活動に励んでいた高校時代〈天地〉

天地　本当ですか？　私は記者さんのお顔までは覚えていませんが……。そうだとしたら、ご縁があるのですね。

大橋　本当にそうですね。あの時の高校生が天地さんとは……。つくづく不思議なご縁を感じます。

天地　そのボランティア部に入ったのも、流された結果です。私は何とか地元の進学校に進学しましたが、高校時代の夢は環境庁（現・環境省）に入りたくて、大阪大学の工学部環境工学科を目指して猛勉強をしていました。「環境」と名がついた学科はあこがれでした。でもある日、先輩にボランティア部に連れていかれて、「つぶれそうな部活だから引き継いで」と言われ、ボランティア部を「ボランティア」することになったのです（笑）。

大橋　廃部寸前のボランティア部を見捨てられず、思わず「ボランティア」しちゃったわけですね。

天地　それで活動に夢中になり、県の会長をしたりして、他校の生徒にも友達ができて、女子も多かったので、本当に楽しかったですね。でもお陰で成績はがた落ちしてしまい、ボランティア活動にのめり込むうち、行く大学も福祉関係を志望するようになったというか、もう福祉系の私立大学に行くしかない、と思うようになりました。

大橋　だけど、結果として国立大学の農学部に進むのですよね？

天地　私は兄、姉がいて、三人目なのですが、親からは、近場で現役、それも国立しか行かせられない、と言われました。私立は絶対にダメだと。あと、この近隣に福祉系の大学が当時なかったことも大きかったです。それで当時の成績で入れる国公立大学を調べたら鹿屋体育大学、帯広畜産大学の名前が出てきたのですが、あまりに遠い。それで何とか踏ん張って、生物を勉強しなくても入れた島根大学の農学部に入学できました。成績のいい医学部を目指すような友達と毎朝集まっては太極拳みたいなのをしていて、ついでに励まし合いながら勉強したことや、その年の合格者がたまたま入学定員を上回っていたこともあって、ラッキーな面が大きかったと思います。

大橋　そこからの国立大学合格は凄いですよ。島根県は山口県の隣だから、ご両親も安心したでしょう。

天地　でも、山口県の周南市から大学がある島根県松江市まで中国山地を直線ルートで通ってもほぼ二百五十キロ以上も離れていて、新幹線と特急を乗り継ぎ、何時間もかけて、中国五県を縦断しないと行けないので、結果としては関西や東京の大学に行ってもあまり変わらなかったと思います（笑）。

大橋　大学時代も活躍されたと聞いていますが？

天地　運がよかったです。大学時代も英語が得意だったため、英会話サークルに入って、これも得意のギターを抱えて中国地方の集まりに顔を出していたら人気者になり、中国地区の連盟の連盟長になることになりました。当時、連盟長はずっと広島大学の人が務めるのが慣習だったので、私がそれを打ち破って連盟長を務めたのはうれしかったですね。彼女もできましたし、振り返ると高校大学が黄金時代だったような気がします。

大橋　青春を謳歌されていたのですね。でも、高校時代、あれだけ福祉系に進みたかったのに、農学部に入って後悔はありませんでしたか?

天地　高校時代は介護福祉士か社会福祉士になろうと思っていました。ですが、ある社会福祉士の方から「社会福祉士になって一つの施設にいてもやりがいは少ないかも。リハビリなどを手がける作業療法士、理学療法士の方がいい。ただ、福祉を利用するのは高齢のおじいちゃん、おばあちゃん。この世代は農業、林業に従事する方たちだから、その視点から福祉を考えたら?」と言われたことも、農学部に入って過疎問題を考えたことに繋がるのかな、と思います。

大橋　なるほど。

天地　と格好つけたことを言っていますが、私は所詮、自己満足のナルシストだと思いますよ。

大橋　というのは?

天地　高校時代のボランティア活動

大学時代（19歳）。
彼女と旅行で京都へ〈天地〉

も、俺ってカッコいい、が第一でした。知的障害を持つ子どもたちの施設を訪問した時、元気でエネルギーの塊のような子どもたちにひっぱり回された時は正直参りました。彼らはいつもニコニコしていて、なぜそうしてほしいのか説明がないから、私は彼らに付き合う理由を見失って精神的にも肉体的にも参ってしまったのです。福祉の実務となるディープなところに関わってくると「訳が分からない」「無理」と思い、これは職業にするのは厳しい、と感じていました。その子には喜ばれても、自分がよく思われたり、評価されないと嫌なんですね。

大橋　なるほど。でもその気持ちはよく分かりますよ。

天地　当時、一緒に活動していた他の学校の同級生は今、福祉施設で頑張っているのですが、本当に凄いと尊敬します。その彼は当時工業高校に通っていて、最初は女の子目当てで参加していたのに、どんどん障害を持つ子どもたちとのふれあいに喜びを感じていきましたから。私はというと、大学時代も連盟長を務める自分に酔っていましたし、結果、安易な方向に流されて生きてきたのだと思います。

大橋　誰でも流される、また見栄を張る部分はあると思います。僕もそこは負けていません（笑）。でも天地さんは「流されてきた」と言われますが、流されて与えられたその場所その場所で、結果も出してきたから凄いと思いますよ。

天地　そうやって頑張りすぎたところもあるかもしれませんね。ボランティアに頑張っていた当時は、自分が障害の当事者になるとは思いもよらなかったですが、今この状態になっても、私は健常者の愚痴を聞いています。相手より自分の方が大変なのに、平静を装って相談に乗っています。自由律俳句をはじめてからこのような心境を「正論吐いて何もない私」と詠みました。

大橋　高校、大学時代は人の意見をまとめて活動されていたということですが、考えてみれば、他人の言葉や考えを聞いて広めていく、ということは実は新聞記者時代の取材も同じことですよね。先ほど自分のことを「自己満足のナルシスト」と言われたけど、ある程度自己満足がないと自己肯定感も高まらないと思います。そういう意味では十代の時に人の世話に喜びを感じた、その頃が面白かった、という経験は今も天地さんの大きな糧になっているのでは？

天地　そうかもしれないですね。

大橋　現在、天地さんが福祉の情報を発信・制作し、発行している新聞「みんつど」にもつながっていると思うし、「読者が喜んでくれるなら」と著書『わたしは山頭火!?』ではしんどいこと、苦しいことをユーモラスに面白く書いているのも、天地さんの経験やスキルから来る成果だと思いました。

天地　ありがとうございます。

大橋　ところで、天地さんは大人になって精神疾患を発症するわけですが、少年時代や青年期に何か兆候のようなものってなかったんですか？

天地　そうですね。そういえば、大学受験の時に、八つか九つの大学を受けましたが、全部違う学部でした（笑）。外国語学部、法学部、社会福祉学部、農学部、工学部、医学部……。受かっても入れない記念受験的な私立と公立含めてです。今考えると、当時から一貫性がない「分裂的」な思考があったのではと感じます。試験勉強対策もすべて違うわけですからね。あほですよ（笑）。やりたいことはいっぱいあったけど。

大橋　こだわりが強かったりとか、強迫的なものにとらわれていたとか、そういったことはなかったですか？

天地　三歳くらいの時に、親せきの結婚式で新婦に花束をあげる係があったのですが、予定をこなすことに恐怖を感じて耐えきれなくなって、隠れて失踪したことがあります。それでほかの子にやってもらってからひょっこりまた現れるという。「もろ」そのものが苦手でした。「もろ」とはミッションクリアしてしまうことですね。実現してしまい成功すると怖く感じるのです。充実してしまう怖さを抱えています。女の子との付き合い方でもそうなんですが、四十七年以上生きて結婚していませんが、好きな子、この子いいなあと思っても結婚の段になるとこちらから引き下がるみたいな……。予定調和か分からないけど、子どもが生まれてとかマイホームを買ってとか、定年まで働いてだとか考えられなくて、逃げてしまうということはありましたね。

大橋　何かが順調に行こうとしたりすると、それに耐えられないのですね？

天地　そうです。そういう傾向がありますね。

大橋　そう考えると、いきなり発症したわけではないのかな？

天地　今になってみると、ああそうだったのか、というような感じは確かにあったような気はします。

大橋　カムフラージュして生きているわけだから、周りはそうは見えない、ずっと頑張っているから、周りは突然に思っちゃうけど、実はそうじゃない、みたいな感じですかね。

天地　ボディーブローのように効いていたんでしょうね。前著を書いた時、ようやくそう思えるようになりました。

大橋　だけど、何かが気になるとか、常に不安に感じる、などは現代社会を生きている人はほとんどの人が持っている感情でしょうから、そう考えると、精神疾患に関しては誰でも発病する可能性はあるのかもしれませんね。

「周りが自分を笑っている」と常に感じる

大橋　さて、いよいよ天地さんの核心に迫っていきます。天地さんが診断された「統合失調感情障害」ですが、発症は新聞記者時代ですよね？　いくつの時ですか？

天地　二十八歳の時ですね。発症した時のことは鮮明に覚えています。

大橋　具体的にはどんな感じだったのですか？

天地　入社して六、七年はバリバリやっていたのですが、睡眠時間もなく数週間がすぎて、今考えれば体重も二十キロ減っていました。明らかに不健康極まりなく自分で自分を追い詰めていたんです。

大橋　なるほど。

天地　そんなある日、電車で周りの人が私のことを笑っている、と感じました。ちょうどその頃は会社でも記事を何度も何度も書き直し、周りが止めても書き直すという、周りから見ても病的な状態だったと思います。

大橋　相当追い込まれていたのですね。

天地　そうですね。当時、そんな私を心配して、彼女からは何度もメールが来ていましたが、私はそれもプレッシャーに感じてしまい、本当に何もできませんでしたね。

大橋　それは苦しいですね。日々の仕事も苦しかったでしょう。

天地　はい。日々そんな状態ですから、会社からは帰るように言われましたが、帰宅しようと電車に乗ると、今度は降りる時に降りさせてくれない幻覚に襲われました。「乗客にブロックされている」と思ってしまい、何とか最寄り駅で下車すると、今度は改札の向こう側にいる人がみんな敵に見えて、改札をくぐったら捕まってしまう、という妄想幻覚に襲われました。

大橋　それでどうやって帰宅したのですか？

天地　藁にもすがる思いで、彼女に連絡して、仕事中の彼女にわざわざ駅まで来てもらい、改札を二人で抜けてすぐに交番へ行きました。でも「襲われる」と懸命に説明しても信じてもらえるわけもなく、適当にあしらわれてタクシーに乗って、「敵」から逃げるように都内をふらふらして、夜中に下宿に戻り、朝まで知り合いという知り合いにパソコンでメールしてSOSを出して、朝が来て会社に行かねばというところで心がポキッと折れた……。そんな感じです。

大橋　……聞くだけでも苦しくなりますね。

天地　もともと最初は、「強迫神経症」から来ていまして、仕事などのプレッシャーも大きかったです。たばこの火の始末やガス、水道、家の鍵を何度も何度も確認しすぎて、会社に行くことが難しくなってきたり、昼休みに一時間かけて部屋まで戻って、アパートの部屋が火の海になっていないか確かめたりしていました。体が先に悲鳴を上げていたのかもしれません。「強迫神経症」の症状の前後に、マウスの使い過ぎで右腕が丸一日上がらなくて休んだり、左脚の下肢静脈瘤も原因不明で手術しました。ただ大きく気にはせずにまた復帰して働いていました。

大橋　記者は激しい職業ですからね。精神的に追い詰められることは僕もよくありましたよ。「自分は○○なんじゃないか」「僕が知らないところで誰かが絶対悪口を言っている」とか、僕も思い込んで苦しくなることはありました。「あいつは俺のことが嫌いなはずだ」とか、逆に「あいつは俺のことが絶対好きなはず」とか思い込んで、知り合いの女性に対して、職場の前で待つとか、用もないのに何度も電話をかけるとか、今思うとストーカーまがいのことをしてしまって、少しトラブルになったこともありました。

天地　大橋さんにもそんなことがあったのですね。ちょっと信じられません。今は奥様とラブラブじゃないですか。

大橋　そうですね(笑)。ある日、その女性の彼氏さんから怒りの電話がかかってきましてね。「お前のやっていることは迷惑だ。彼女も嫌がっている」と。その時目が覚めました。「ああ確かに」と。人は思い詰めると本当に周りが見えなくなるし、自分にもそんな見境がない行動をしてしまう要素があるのだ、と俯瞰できました。ちょうどその頃、仕事は「こなすこと」で精一杯でした。そのあと、遊軍になってまちの話題を担当するようになってからは、上司も高く評価してくれるようになって、気持ちも落ち着いていきました。だけど天地さんはそのあと幻覚に悩まされるのですよね？

天地　そうですね。そのあと、先程のような、実際には無いのに「見える」「聞こえる」という体験が出てきました。栄養・睡眠不足で点滴を打って寝ていた時に「ザクザク」「ギャー」と聞こえたので、母と当時の彼女の首が看護師に斧みたいなもので斬られたと勘違いして、内科の病院内を、点滴器具を持ったまま探し回ってしまい、それで精神科を初めて受診しました。

大橋　「見える」「聞こえる」とよく聞きますが、実際に、物理的というか、実際に実感のある「見える」「聞こえる」という感覚なんですよね。

天地　そうです。とにかく当初は誰かに「見られている、つけられている、狙われている」とばかり思っていました。家から当分出られずに、両親に東京まで来てもらって、つきっきりで世話してもらいました。病院に出かけるのも怖かったです。見えるし、聞こえるから、頭の中が「わーやめてー」となるわけです。

大橋　親しい人や家族がそんな状態になった時、周囲はどう対応したらいいのか、については後ほど詳しく話し合おうと思いますが、まず大前提として、周りの人はそんな時に「そんなものは見えない」「お前の幻覚だ」とか決めつけたらダメなんですよね。

天地　そうですね。実際に存在していないかもですが、「見える」ものは「見える」ので。全否定されるよりは「そうなんだね」と言われる方が楽ですね。

大橋　しかし、上京して面倒を見てくれた親御さんも大変だったと思いますが、感謝ですね。

天地　はい。親には今もなかなか働けない状況の中、助けてもらっていますから、感謝しています。それで数年経って、外に散歩するようになっても、停車している車が自分の近くで発進したりするだけで、「なんで俺きっかけで発進するの?」と思ったり……。その感覚は今でもあります。

大橋　今でも?

天地　はい。となりの家のソーラーパネルの裏面がこちらの部屋を向いていて、「情報を盗まれている」とか思ったり。そういうことが「統合失調症的」ですかね。現在は「そううつ」六割、「統合失調」三割、「普通」一割のような感じです。入院前はテレパシー会話なんかもしていましたね。

大橋　テレパシー会話？　超能力者にでもなりましたか？（笑）

天地　入院前に喋れなくなってしまいまして。つらいつらいと思って父に「俺はなんでこんなにつらいんじゃろうかぁ〜」とテレパシーを出したら、テレビを観ていた父がおもむろに両手を上げて「いやぁ〜」ってあくびをしたんです。そしたら私はその「いやぁ〜」を英語の「ear（＝耳）」と捉えて、「そうなんじゃ。いろいろ嫌な音が聞こえてくるからつらいんじゃあ〜」とか、テレパシー会話が成り立ったと得心してホッとしたり……ヘンテコで笑い話かもですが、本当です。

大橋　家の中で喋れなくなったのはつらいですね。テレパシー会話でも家族と会話できればまだいいのかな。それにしても幻覚や妄想はかつてほどではないにしても、現在進行形なんですよね。いわゆる「治る」ものではないから、付き合っていくしかない。それなら僕の発達障害も同じで、現在進行形ですね。

天地　そんな感じで鬱々としていたものですから、十年鬱々として、一気に跳ね上がって「そう」になりました。「一人二十四時間サンダルマラソン」や「○泊二日歩いてタクシーでひた走る九州旅行」など、奇行を繰り返しました。その反動の「うつ」は、本当に振り幅が大きいだけにつらく、簡単に言いますけど、いわゆる「死にたくなる」わけです。その両極端は見事なものです。上がったらきちんと周期的に下がります。何度も薬を変えて、かなり良くはなりましたけど。「そう」の時は、自意識過剰になって「自分が世界を変える」みたいな。「うつ」だと「自分が世界のお荷物」というエピソードをどうしても考えてしまいます。

大橋　その辺りは天地さんの著書『わたしは山頭火!?』に詳しいですね。重複するかもしれませんが、未読の方のためにも、その「そう」状態の時の「一人二十四時間サンダルマラソン」や「○泊二日歩いてタクシーでひた走る九州旅行」のことについて話してもらってもいいですか?

天地　はい。四つの奇行を入院前にしました。特に代表的なこの二件についてはほぼ同時期なのですが、なぜそのような奇行をしたかについては、当時、一人で障害年金の書類を集める手配をして、自分の取っていたノートを基に一人で申請書類を書いていたことが一番の原因ですね。発病してからの十年を振り返って、「〇〇年はこうしてこんな状況でこういう生活をしてこんな感じだった」なんて振り返りながら申請のシートに記入しているうちに、「何と俺はこんな鬱々と生きていたのか」「もっとこうしていれば」という思いがあった、と今となっては思います。それが「そう」行動に弾けるきっかけになったのかなあと。

大橋　自分の過去を振り返るうちに、マグマが溜まって一気に爆発しちゃった、みたいな感じなのですかね。

天地　そうですね。まず「一人二十四時間サンダルマラソン」ですが、これはある晩にふと、「二十四時間マラソン」というのが某テレビであるなあと考えてしまって、「俺でもできるさ」と根拠なく思ってしまった。

大橋　思ってしまったのですね。それなら仕方ない（笑）。

天地　翌日に片道のお金だけ持って、私が住んでいる山口県周南市から約六十キロ離れた宇部市までＪＲで行きました。それもサンダルで（笑）。そして残金十四円の中、周南市まで歩くわけですよ。それはそれはきついものでした。詳しくは著書『わたしは山頭火!?』にありますが、途中で休み休み、時にはアスファルトの歩道で寝っ転がって、皮がはがれて黒ずんだ足裏をさすって何とか翌日の昼に自宅に戻りました。

大橋　何度聞いても壮絶だなあ。

天地　それから、「〇泊二日歩いてタクシーでひた走る九州旅行」ですね。これは、またサンダルマラソンからあまり日が経たずに、「大分の久住山《くじゅうさん》へ行きたい！」と思いました。これは高校時代のボランティアで視覚障害の人と一緒に久住山へ登った経験がふとクローズアップされて思い出し、またサンダルで出かけました（笑）。確か途中でサンダルも脱ぎ捨ててフェリーから降りて、五十円のガムをフェリー乗り場の売店で五千円か一万円で一つ買って、お釣りをもらわずにタクシーに乗り込みました。

大橋　一心不乱にお釣りももらわず、タクシー乗り場に向かったのですね。

天地　その辺りはうろ覚えではあるのですが、それから確か、タクシーの事務所でサンダルをもらいまして、「ふもとの仙人の師匠に会いに行くから、久住山まで行ってくれ」と言うとタクシーは出してくださったのですが、運転手さんは怖がっていましたね。多分自殺志願者だと思ったのでしょう。夜に久住山に着いて真っ暗なので、「戻りましょう」と運転手さんに促されて大分市内まで戻って半ば強制的に下車させられて、そこで泊まる金はありましたが、市内で聞こえる雑音がすごく怖くて、別府市まで何キロあったか分かりませんが、市境までは確実に歩きました。途中で真っ暗な国道でクモの巣に顔を遮られても気にせずに歩きました。

大橋　それって、真夜中ですよね。

天地　はい。車の通りも少ない国道でした。それで自販機の明かりが見えてようやくのどの渇きを潤すべく、ペットボトルを五本か六本買っていたら、偶然タクシーが来たんですよ。それで止めて乗って、またフェリー乗り場へ行きました。最初のタクシーもそのタクシーも半額だったんですよ。フェリー乗り場から久住、大分市内までは三万円くらい、別府市からフェリー乗り場までは一万五千円くらいだったかと思います。無茶苦茶なお金の使い方だし、なぜか持っていたんですね（笑）。どちらの運転手さんも怖がっていた様子でしたよ。

大橋　今だから笑って話されていますが、なかなかシャレにならない話です（笑）。

天地　タクシー代がなぜ半額になったか、今話していて、ふと思い出しました。「二十四時間サンダルマラソン」の時、アイスのガリガリ君ソーダを二本食べることが出来たのですね。警察で三百円を借りて、バス代を除いて、残りでガリガリ君を買って。その時のことがふと頭をよぎって、タクシーの運転手さんに「一日に夏の間は五十円あればしのげるんです。知っていますか？」と聞いたら、「えっ。教えてください」と言われるので、不遜な態度で「ガリガリ君ソーダをスーパーで二本買えばしのげるんじゃ。うわっはっはー」と答えたんですよ。二人の運転手さんと同じやりとりをしたのですが、そしたら、どちらの運転手さんも怖がってメーターを下げたんです。どちらも同じタイミングでした。思い出しました。それで半額にしてくれたのです。自分でもなんであんな風になったか分かりませんが。

大橋　確かに怖い、と思うし、何かおかしな人が乗ってきたぞ、と運転手さんも思ったのでしょうね。

天地　はい、そう思います。かなり態度がおかしかったと思います。その時は「そう」になりすぎて、自分が「神」のような存在と思っていたかと……。そのくらい不遜な言動だったんでしょうね。フェリー乗り場に早朝着いたので、じーっとしていられずにうろうろしていたら、ある男の子がいたんです。何も言わないで、こちらを見ていて、水木しげるさんの漫画に出てくるような感じの男の子でした。幻覚だったのかもしれません。そうこうしていたらフェリー乗り場の売店のおばちゃんが出社してきて、早速ガムのお釣りを渡してくれたので、そのお金で沢山お土産を買った思い出があります。確かそのお土産を山口百恵のさよならコンサートのようにフェリーに置いて帰ったと記憶しています。退院後、母親と大分まで行って、売店のおばちゃんに挨拶して、タクシーの事務所に行くと運転手さんは辞めていました。退職が私きっかけだったのかもと思うとぞっとします。申し訳ないことをしたかもしれません。

大橋　いや、運転手さんの退職は天地さんの一件とは関係ないと思いますよ。いずれにしても、壮絶な体験ですね。僕も実はホームレスに近い体験はしているので追い詰められる壮絶さは何となく想像できますが、その衝動性に関しては、想像を絶するものがあります。天地さんが今、当時の行動を「奇行」と冷静に捉え、ユーモラスに語られていることにホッとしています。

天地　大橋さん、ホームレスの体験があるのですか？　それは初耳です。

大橋　そこはあとで話しますね。お楽しみに（笑）。

長かったトンネルの中で感じた光明

大橋　天地さんとはここ数年の付き合いですが、そんな「生きづらさ」と向き合いながら、ミニコミ誌「みんつど」を発行したり、著書を出版されるなど、本当に凄いと思いますよ。

天地　ある意味あがいているんですよ。正直、体力や気力、集中力が記者時代に比べて落ちてしまい、タバコや水分を摂り過ぎている今の状態で何かの職業に就くこともできませんし。生きづらさが解消されているわけでもない。だから背伸びや無理をせずに、今できることだけをやっています。「みんつど」に関しては、あとで触れますが、大橋さんとの出会いがきっかけですから、人との出会いにも感謝ですね。

大橋　自分が「生きづらい」と自覚されているのは凄いですよ。なかなか向き合えないものです。

天地　実際に「生きづらい」ですから（笑）。でも、無理をしないで、ぼちぼちでも自分ができること、やりたいことを今こうしてできていることに感謝です。それも「生きづらさ」も含めて自分自身を何とか受け入れられたからかもしれません。

大橋　疾患や障害に対して、向き合いながらも「受容」していくことは大切、と僕も実感します。

天地さんの場合は、どうご自身の疾患を「受容」していったのか聞きたいです。

天地　そうですね……。障害を受容するということは、「ありのまま」を受け入れる、ということだと思います。私は今太っていますが、「ああ私は太っているなあ」と自覚するまでなかなか受け入れられませんでした。障害への受容は、もっともっと大変だった、というのが実感です。案外今でも完全にはできてないかもしれません。そういう意味ではまだトンネルの中です。

大橋　そうなんですね。それでもいちばんつらかった時は脱出できた、とは思うのですよね？

天地　そうですね。具体的に脱出できたと感じた瞬間は、「みんつど」の紙面上で私が思っていることをズバッと主張するコーナーとして、三人の私が出てきて討論する「みんつど在り方委員会」をやっていた時ですね。

大橋　それはどんなコーナーなのですか？

天地　毎回、言いたいことを忖度なしで欲求のままにいう「天地成行C」さんに対して、日和見の「天地成行B」さんと、司会進行で冷静な「天地成行A」さんに分けて、文章を展開し始めたら、ガラリと自分なりの表現ができるようになって、楽しく自分の変な特性を包み隠さずに披露できたことが、楽になったというか、自分のしんどい部分を俯瞰して見られるようになって、受容につながった気がします。

大橋　そうでしたね。天地さんが執筆・編集されていた「みんつど」はコラムも充実していて面白かったですね。精神疾患の当事者の想いや実感がしっかりと伝わるものでした。惜しむらくは、これだけのレベルのものなのに、購読料をいただくなど、収益化できなかったのかな、ということですね。広告はありましたが、これも十分な収益化まではなかなか行かなかったですよね。

天地　収益化はなかなか難しかったですね。「仕事」に結びつけられれば良いのでしょうが、それはなかなか難しいですね。ただ、私は必ずしも金銭的報酬型のペイドワークをして、「九時から五時まで」働くことが障害者の再起のゴールとは思いません。働いた期間は、それはそれはものすごい仕事をしたわけですから。頼まれてもない後輩やバイトの面倒やら、毎日飲みニケーションも、相手がくたばるまでを信条に勝手にやってきたわけですよ。いわゆる「シャドーワーク」と言われるものかもしれません。

大橋　「シャドーワーク」という単語は初耳です。何ですか？ 天地さんは時折高度な単語をぶっこんでくるのでよく勉強しているなあ、と思います。

天地　ありがとうございます。資料を引用して説明しますね。東洋経済新報社から出版されている『シャドーワーク　知識創造を促す組織戦略』（一條和生、徳岡晃一郎著）には「無報酬とされている仕事だが、何らかの経済行動の基盤を維持したり、支援したりするために不可欠の仕事」と定義されています。

大橋　よく分かりました。つまりは、家事や子育てなど、報酬が無くても社会の経済基盤を支えている専業主婦なんかも「シャドーワーク」ですね。確かに天地さんが「みんつど」発行などで手がけてこられたことは、報酬は得られなかったとしても、世間に精神疾患の正しい知識を広め、理解につなげたのだから立派な「シャドーワーク」ですね。だけど、記者時代に仕事以外のところで後輩の面倒やコミュニケーションのために無理やり飲み食いに励むのはつらい「シャドーワーク」かもしれませんね。

天地　そうですね。仕事は一分遅れたらアウト、一字間違えたらアウトという厳しさであったし、夜の付き合いもとても人間臭い部分での付き合いを入念にやりましたから。だから今、福祉の方に「この事業所は月に○時間働かなければなりません」なんて説明を受けても、私にとっての一時間は過集中・過活動の中での感覚なので、もう説明を受けただけで当時のつらさがフラッシュバックして「無理です。やめときます」になっちゃう。だから、年金をもらいながらのアンペイドワークでもいいと思うしか心に余裕が持てないですね。正直言うと、何とかしたい思いもありますが……。これについては後でもふれます。

大橋　ハードワークのつらさやしんどさが、身体にも心にも刻み込まれているのでしょうね。でも、記者時代のハードワーク、発病、帰郷してからの「一人二十四時間サンダルマラソン」「〇泊二日歩いてタクシーでひた走る九州旅行」などを乗り越え、今こうしてミニコミ誌発行や著書発刊、講演などを通して自分なりに発信を続けている天地さんは偉いですよ。

天地　東京からこの街に戻ってきてからの光明というか、救いを差し伸べてくれた人は、福祉や医療関係の人ではなかったんですよ。「私の中の四賢人」あるいは「四恩人」とでも言いますか、四人の方との出会いが大きかったです。大橋さんと、出版社の株式会社くるとんの藤井康弘社長、俳人で山口県俳句作家協会会長の河村正浩先生。それと、山口県立大名誉教授の安渓遊地先生ですね。

大橋　僕も入っているのですね。うれしいです。

天地　この四人の方々は、皆さんそれぞれ抱えているもの、信条とされていることは違いますが、私の中ではどの方が欠けても、今の「天地成行」にはならなかったと思います。大橋さんがいたから「みんつど」は発行できたし、藤井社長がいたから「みんつど」の広告と拙著『わたしは山頭火⁉』が完成した。そして河村正浩先生がいたから、入院時からずっと続け、磨き上げることができた「自由律俳句」と出会えたわけですし、安渓先生がいたから、先生のブログに無料で「みんつど」が掲載できて、毎回いろんな指摘ももらえてユニークな文章やメールのやりとりを学べた。この「四人の恩人」が様々に私の中で影響を与えて、迷惑をかけながらも決して見捨てずに、私の特性と向き合ってくれて、なおかつウインウインの関係に持ち込めている。そこは感謝しかありません。

大橋　恐らく僕だけじゃなく、藤井社長、河村先生、安渓先生もそうだと思いますが、疾患のあるなしなど全く関係なく、天地さんの人柄はもちろん、書かれる文章や俳句、作られるミニコミ誌に魅力を感じたから応援しているのだと思いますよ。

天地　そうだとうれしいです。拙著は私が一生懸命に地元で活動できるようになって、かなりの部数を協力者と売ることができました。河村先生の俳句雑誌にも入会したし、安渓先生が山口市阿東徳佐で運営されている農園のお米はいろんなところに私がプレゼントやPRをして、大橋さんとはこうして本を作っている。私も皆さんに少しだけですが、お返しをして、もらいっ放しをやめることで成長できて、さらに地域なり何なりに良い影響を与えているのかなあ、とも考えます。大橋さんが企画されているケーブルテレビへの出演や、河村先生と二人で出演したコミュニティFM、拙著出版を取り上げてくださった新聞取材もいい経験でした。とはいえ、まだまだトンネルの中です。ですが、こうした体験が「受容」に近づいているのかもしれませんね。先日、母校の島根大学の人間科学部福祉社会コースで講演させてもらった時も格好よく「受容」について話しましたが、まあ、正直に言うと、少し光が差してきたという程度ですね。

大橋　人との出会いによって、世界が広がると同時に、少しずつ自らの疾患も受容できるようになって、「光」が見えてきた、ということですよね。天地さんはよく、こうした状況について「リカバリー」という言葉を使われますよね。これはどういう意味なのですか?

天地　ちょっと固くなっちゃいますが、正確を期すために、資料を引用した方がいいですね。「国立研究開発法人　国立精神・神経医療研究センター　精神保健研究所　地域精神保健・法制度研究部」ホームページから引用します。そのホームページに、米国の政府委員会の見解があって、それによると、リカバリーとは、「人々が生活や仕事、学ぶこと、そして地域社会に参加できるようになる過程であり、ある個人にとってはリカバリーとは障害があっても充実し生産的な生活を送ることができる能力であり、他の個人にとっては症状の減少や緩和である……」と定義されています。

大橋　まさに僕と天地さんが通ってきたことそのものですね。

天地　そうかもしれませんね。つまりは、簡単に言うと「障害があっても自分らしく」とでも言いましょうか。これまでを振り返ると、確かにもがきにもがいた二十年でしたが、一歩行動すると、先ほどの出会えるはずのない「四人の恩人」に出会えました。これも私なりの「リカバリー」と言えるでしょう。大橋さんの場合は、相談支援事業所でふと渡された講演会のチラシのプロフィールに元新聞記者で発達障害、とあって「絶対仲良くなりたい」と思い、調子が悪いながら、母とタクシーを使っても講演の会場へ行きました。終わってお一人になった時に話しかけました。「名前が広宣さんなんですね。広く宣伝する、とは新聞記者にすごく向いたお名前ですね。今度、コーヒーでもいかがですか?」と一生懸命PRしました。

大橋　よーく覚えていますよ（笑）。それで本当にコーヒーを飲みに行きましたよね。

天地　河村先生は山頭火の法要で偶然私が持参した自由律俳句を「山頭火ふるさと会」の会長に見せていたら、そのそばで「これはいい」「これはダメ」と会長より厳しく物申す強者がいらっしゃって……これは食らいついていきたいと直感して、住所を調べて手紙で添削をお願いしました。俳句の世界では全国的にも有名で偉い方と認識できたのはお付き合いを始めてからでした。

大橋　河村先生は、実はあるまちづくりのグループでご一緒していて、私も記者時代から取材を通して仲良くさせていただいています。最近天地さんのことを伺ったのですが、「障害や疾患があるとかは人と人との付き合いにおいて支障は全くない。彼は俳人として人として素晴らしいものを持っている」と仰っていましたよ。

天地　ありがたいです。藤井社長は、東京時代にUターンを思案していてからの細いつながりから発展しましたし、安渓先生は、大学院進学を考えていた時、山口県立大学に直接相談したら、研究科長から「安渓先生だったら良かったのですが、もう退官されておられて……」と言われたので、フェイスブックで見つけて友達申請をして、しばらくして「何者ですか?」とご本人からメッセンジャーで聞かれて無茶苦茶長文で熱意を伝えました。そしたらフェイスブック友達になってもらい、「みんつど」をご自身のブログ内で掲載してくださるようになって、編集のアドバイスも頂けるようになりました。

大橋　藤井社長も前々から存じてましたし、安渓先生は天地さんを通して知り合いましたが、そう考えると、やはり僕と天地さんは縁があったのだと感じます。

天地　この四人の恩人の皆さんとの出会いを通して、私は勇気と力をもらって、まさに「人薬」だと感じました。地元のケーブルテレビ局で放送されている福祉番組で、大橋さんが企画・制作・出演されている「こころてれび」では二〇二〇年、二〇二一年と二回にわたって私の活動をとりあげていただき、この四人全員が出演され、私はひそかに感涙していました。「やってきたことは本当によかったんだ」と心から感じました。

大橋　ありがとうございます。うれしいです。

天地　今の私の夢は、四恩人と私で、テレビ番組「天地を創造した男たち」を大橋さんに作ってもらうことです（笑）。

コラム① 精神疾患最新事情

精神疾患になる人は増えている?

精神疾患とは、気分の落ち込みや幻覚、妄想などの症状が出て、心身にわたって様々な影響が出る疾患のことを言います。

原因は脳内の神経伝達物質の偏りとされていますが、詳しいことはまだ分かっていません。

「精神疾患」を発症することで、その疾患は、日常生活を送るうえで「障害」となります。「精神障害」という言葉もよく使われますが、「精神疾患」と「精神障害」は、表記の違いだけで、意味はほぼ同じです。

最近の国際研究によると、日本の国民で一生のうちにうつ病、不安症など何らかの精神疾患にかかる人の割合は全体のうちの一八％と報告されています。しかし、これは統合失調症や認知症は含まれていないため、実際はもっと多いと思われます。

厚生労働省の調査では、精神疾患の患者数は約四百十九万人(二〇一七年調査)で、十五年前の調査時の二百五十八万四千人に比べ、大幅に増えています。

「控えめに言っても、五人に一人は何らかの精神疾患にかかる」と分析する専門家もおり、そういう意味でも精神疾患は「誰にもかかる可能性がある」私たちの身近な病気である、と言ってもいいでしょう。

また、近年の新型コロナの感染拡大が、精神疾患の増加傾向に拍車をかけています。二〇二二年四月、WHO（世界保健機関）は、新型コロナの世界的な拡大が始まった二〇二〇年、日本を含む世界二百四の国と地域で、落ち込んだ精神状態が続く「抑うつ症」と日常に対して過剰な不安や心配を抱く「不安障害」の症例がコロナの感染前に比べてどのぐらい増加したか、という調査結果を公表し、それによると、抑うつ症で二七・六％、不安障害で二五・六％増えている、というデータが公表されました。

また、この数年はコロナに加え、相次ぐ物価高騰や収入格差で社会不安も増大するなど、様々な課題もあり、精神疾患を発症しやすいリスクは社会的にもますます高くなっていると思われます。

精神疾患にはどんなものがある？

精神疾患の代表的なものとして、気分障害、統合失調症、依存症などがあげられます。

気分障害とは、気分が沈んだり、上がったりする病気で、「感情障害」とも呼ばれますが、泣く、笑うなどの「感情」の病気というよりは長く身体全体の不調に関わる病気のため、最近は「気分障害」と表記されることが多くなりました。

気分障害には、気力や意欲を失ってしまうなどの「うつ病」と、暗いうつ状態と気分が異常に明るくなるそう状態が繰り返される「双極性障害」（そううつ病）があります。

統合失調症は、百人に一人の割合でかかる可能性がある、精神疾患の中でもポピュラーな病気とされています。

症状は人によって様々ですが、一般的には現実にはないものが見えたり聞こえたりする幻覚・幻聴や、些細なことや無関係なことを結び付け、「監視されている」「毒を入れられた」など事実をゆがめて解釈してしまう妄想などの症状が起きたりします。

また、感情が不安定になったり、言動に一貫性がなくなってしまうこともあります。

天地さんが診断された「統合失調感情障害」は、こうした統合失調症の症状に加え、そう状態とうつ状態を繰り返す気分障害の症状が加わったものです。

対談の本文を読んでいただいたら分かると思いますが、幻覚や妄想だけでなく、自分ではコントロールできない気分の上下を繰り返してしまう、その苦しさや生きづらさはどれだけ大変なものなんだろう？と推察せざるをえません。

自身の特性と向き合い、自由律俳句の詩作やミニコミ誌の発行などに取り組みながら「ぼちぼち」と進んでいく天地さんを、僕は心から尊敬しています。

文／大橋広宣

【参考資料】

・厚生労働省データ「精神疾患を有する総患者数の推移」

・ニッセイ基礎研究所ＨＰ「新型コロナ　精神疾患への影響―こころの健康はどのような影響を受けているか？」（２０２２年４月26日）

・医療法人財団青溪会駒木野病院ＨＰ

・公益財団法人日本学校保健会公式サイト「学校保健」より／なぜ？　なに？　どうして？　学校保健・第４回「精神保健・精神疾患を学ぶ～改めて知っておきたい基本知識～」（東京大学大学院教育学研究科　健康教育学分野　教授　佐々木司）他

第二章　「リセット」することと「個性」を発揮すること

「いじめ」がつらかった小・中学校時代

天地　それではここで、大橋さんのことを聞きたいと思います。どんな少年時代だったのですか？

大橋　僕は、山口県山口市の湯田温泉というところで生まれました。運動やスポーツも苦手で、小学校五年生の時に映画にはまって以来、休日になると映画館に入り浸るようになりました。外で遊ぶよりは家の中で漫画を読んだりする方が好きでした。ただ正直内向的ではありましたが、決して暗いというわけではなく、明るく快活なところもあったと思います。

天地　今の大橋さんは明るいですものね。小学校に入るまでに覚えているエピソードはありますか？　それから小学校、中学校にわたってどんな学生さんだったのでしょうか？　もしかして今の片鱗がもう出ていたりして。

大橋　両親によると、生まれて一年経たない頃、テレビのCMソングを復唱していて、両親は「この子は天才だ！」と思ったらしいです（笑）。それで三歳まで家にいて、四歳で市内の私立幼稚園に進みました。

天地　それなら、幼稚園からスターになったのではないですか？

大橋　いやいや、幼稚園では周囲に馴染めず、一年間教室に入りたがらずに泣いて喚いて、一年間通ったところで両親が幼稚園に呼ばれて「もうこの子は預かれない」と言われ退園になりました。入園当初に幼稚園が怖くて泣いて喚いても、普通は一カ月もあれば慣れるのでしょうが、僕はそれが一年間も続いてしまった。親からすれば、「天才と思っていたのにどうして？」という感じだったと思いますよ。

天地　ありゃー。それなら小学校に入ってからはいかがでしたか？

大橋　小学校に入ると、ますます周囲に合わせられなくなってきます。勉強も全く分からず、特に算数は壊滅的で、九九も割り算もさっぱり分からないまま高学年になりました。三年生ぐらいからいじめが始まり、周囲からは「馬糞」というニックネームで呼ばれるようになりましたね。最初は体操服を隠されるとか、登校すると机の中の天井にセロテープで押しピンが貼ってあるとか、誰がやっているのか分からない感じになって、そのうちあからさまにいじめてきた主犯格の同級生とそのグループが前に現れて殴る、蹴る、などの暴力にエスカレートしていきました。

いじめられていた小学3年生の時。
いつも優しかった母と〈大橋〉

天地　それはひどいですね。先生や両親には相談しなかったのですか？

大橋　これが切ないのですが、僕は先生たちを全く信用していませんでした。だから絶対先生には言えなかったですね。時代性もあるかもですが、当時の先生たちはみんな成績至上主義で、勉強ができず、周囲にも合わせられない、それに毎日教科書やプリントを必ず忘れてくる僕はクラスの厄介者で、正直、同級生のいじめもつらかったですが、先生からのいじめの方がつらかったかもしれない。

天地　先生からのいじめですか？　それは驚きです。

大橋　クラスのみんなの前で「大橋君はまたプリントを忘れました。これは良くないと思います」と大きな声で言ったり、「大橋君はこんな簡単な問題もできません」と言われたり……。

天地　今なら大問題になりますね。

大橋　決定的な出来事が四年生の時にありました。僕は勉強が全く分からないし、好きなこと以外のことを毎日のルーティンとしてやることが極度に苦手だったので、毎日の宿題が提出できなかったのですが、四年生のある日、「宿題は出せないけれど、これなら」と手づくりの創作絵本を担任に提出しました。

天地　どんな内容なのですか？

大橋　「はれた日のかさ」というタイトルで、雨が降って、子どもたちが色とりどりの傘をさして登校してくるけど、すぐに雨があがると、子どもたちは帰る時に傘を学校の傘置き場に忘れてしまって、そのまま家に帰ってしまう。すると、傘たちは濡れてムズムズするので、夜になると自分で傘を開いて空に飛び出し、月と星に照らされてダンスを踊って乾かし、やがて夜明け前にお月様に「明日、子どもたちが家につれて帰ってくれますように」と願いをかけて傘置き場に戻る――という内容ですね。

天地　メチャクチャいいじゃないですか！　小学四年生が書いたとは思えない内容ですね。

大橋　でしょ？（笑）。僕は小学校の低学年から特撮やアニメに強い興味を持っていたので、自分でお話を創作したりキャラクターを作ったりすることは大好きだったので、毎日の漢字ノートやドリルは全くできませんでしたが（笑）、こういう物語の創作や絵本を作ることはそんなにハードルは高くありませんでした。

天地　毎日宿題する方が絵本を創作するより簡単だと思いますが、それこそが大橋さんの特性なのでしょうね。比較的多数の人ができることが苦手。だけど、人より優れているところがあるから凄いと思います。

大橋　それはよく言われますし、エジソンや坂本龍馬は発達障害だった、なんてこともよく言われることですが、発達障害＝天才は違うと思います。できないことが多い中で、なかなか自分が活躍できず、苦しんでいる当事者は多いですから。ただ、発達障害の当事者の多くの方は、ある特定の分野に対してこだわりが強い方が多いのも事実で、僕の場合は、家で宿題も一切しない代わりにアニメや漫画、児童書などにのめり込んでいったのですが、両親は宿題をしないことに対して一切何も言わず、僕の好きな本はできるだけ買い与えてくれたし、僕が創作したお話を父も母も「ふんふん」と聞いてくれていました。だから、物語が自分の中にすっと入ってくる感覚もあったし、自分でイラストや漫画を描いたり、物語を空想・創作することも大好きで、次第に身についていったのだと思います。はっきり言うと、授業はほぼ全教科ちんぷんかんぷんだったので、授業中、僕は先生の話を聞くフリをしながらずっと物語を空想していました。それだけやれば、天才じゃなくても、物語を考えることはできるようになると思います。

天地　そのお話を聞いていると、大橋さんにとって、今活躍されていることのルーツはその頃にある、と言えるかもしれませんね。大橋さんの場合は、極力苦手や嫌なことを避けながら、自分の好きなこと、こだわりのある部分を深めることに対して、両親がそれを徹底的に応援してくれて、現在につながったということですよね。

大橋　確かに、幼少期・少年期に徹底的にこだわったことは大きかったように思います。映画コメンテーターとしてテレビで映画を解説・紹介することもそうですが、二〇一九年に山口県下松市の市制八十周年記念として製作された映画「くだまつの三姉妹」では、脚本を担当させてもらって、少年時代から憧れていた脚本家になることもできました。二〇二二年全国公開の映画「凪の島」でも、お話づくりで参加させていただき、「ストーリー／脚本協力」としてクレジットされています。こうしてある程度花開けたのは、この頃徹底的にいろいろな「物語」に触れたことが大きかったと思いますし、自由帳にマンガや小説を書いていたのも、後の記者職やライター業だけじゃなく、あらゆる「表現する」仕事につながっていった、という感覚はあります。

天地　それで、担任の先生に創作絵本を提出してどうなったのですか？

大橋　その先生は四十代の女性でしたが、僕が苦労して作った絵本をパラパラとめくり、一言「大橋君、他にやることがあるよね」と言われました。

天地　そりゃひどい。

大橋　その時、「僕は一生、先生という大人は信用しない」と心に誓いました。六年生の時の担任も僕が書いた作文を「全く違うテーマを書いていてふざけている」とクラスのみんなの前で破り捨てたので、その思いがますます強くなり、卒業時には図書室にあった歴代の卒業アルバムからいじめられた先生たちの住所、電話番号をノートに書き写して「大人になったら復讐してやるリスト」を作成しました（笑）。

天地　怖いですね。そんな思いを小学生時代にされたなんて、今の大橋さんからはとても想像つきません。

大橋　子どもの頃、先生たちは、勉強もできず、物語を空想ばかりする僕に、「そんなことをしても何の役にも立たない」「もっと将来に備えて有益なことをしなさい」と散々言い続けてきました。彼らが言う「有益なこと」はちっとも身につかず、今もできませんが（笑）、「何の役にも立たない」ことが今、大きく役立って生活の糧になっているのだから皮肉ですよね。

いじめ地獄の中で励みになった父親の言葉

大橋　先生だけじゃなく、もちろん同級生からのいじめもひどかったですね。毎日何らかの暴力を受けていました。先生に言えない理由は先程話しましたが、両親に対しては絶対いじめられていることを言わなかったですね。いや、言わなかった、よりは「言えなかった」のだと思います。つまりは、僕は両親が僕のことを大切に思ってくれていることを分かっていたし、当時学校から「宿題をさせてください」などと注意を受けても一切それを僕に伝えなかった親なので、そんな両親が大好きな僕は、いじめられていることを絶対知られたくなかったし、心配をかけたくなかった、というのが理由です。

天地　両親を悲しませたくない、という気持ちは分かります。小学生がそんなことを思うなんて、健気ですね。

大橋　そのうち「馬糞」というあだ名がクラスに浸透すると、本当に「馬糞」として扱われるようになりました。例えば手が友達の筆箱に触れたりすると、普通の会話のように、僕がいてもいなくても「馬糞がついたから捨てよう」と言われたり。少しでも周りの子どもたちの服に触れれば「洗濯しなきゃ」と言われ、机やイスに触ろうものならぞうきんで必死に磨いていましたね。

天地　……壮絶すぎて言葉が出ません。

大橋　僕はいじめのメカニズムとはこういうことなんだと思ったのは、いじめは個人としてはしてこないです。必ず少人数にしてもグループとして仕掛けてくるのですね。それで、僕の場合は周囲になじめないとか、勉強できないとか、毎日忘れ物をして先生に怒られているとか、身体も大きくアレルギー性鼻炎で鼻水もよく出ていたので、僕に対して「あいつはバカにしていい存在」として先生を含めてその空間の全員が認識してしまったのですね。これは国と国との戦争も一緒だと思いますが、集団で価値観が共有されると、もうそれが一つの価値観となって、人権なんて吹っ飛ぶんですよ。クラス単位やグループ単位で、個人を攻撃する理由を共有して自分たちの中で理由を正当化してしまえば、罪悪感もないし、平気でいじめができるのだと思います。

天地　実際に今でもいじめによって多くの子どもたちが命を失っていますから、今の大橋さんのお話を聞いて、人権が無視、損害される立場になると、本当に生命すら危ない、ということをひしひしと感じました。
大橋　そのうちいじめはどんどんエスカレートして、かなりひどい暴力になっていったので、さすがに先生や親も知ることになり、親同士の話し合いなどもあったようです。この時、父親から和室に呼ばれて言われたことが、いまだに忘れられません。
天地　どんなことを言われたのですか？
大橋　僕は怒られると思ったのですが、父から「お前に非は全くない。いじめた方がバカなんだから、そんなヤツは相手にしなくていい。ただ、そいつらから『バカ』『馬糞』と呼ばれても、絶対に自分でそう思うな。お前は勉強ができないかもしれないが、その代わりにマンガや映画に詳しいじゃないか。誰でもいいところはあるのだから、そこを大切にして生きていけばいい」と言われました。
天地　いいお父さんですね。
大橋　そうですね。さらに「いじめられそうになったら『やめろ』と大声で叫べ。そうしたら先生や友達も助けにきてくれるだろう。それでも助けにきてくれなかったら、学校から家に電話しろ。俺が行っていじめっ子をぶち殴る」と言ってくれて。本当にうれしかったし、なかなかいじめは止みませんでしたが、それでも「されるがまま」ではなく、父が言う通り大声で「やめろ」と言えるようになりました。

天地　それはよかったですね。では、中学校からは状況は変わりましたか？

大橋　少しは良くなりましたよ。ですが、今度は別のヤツからいじめられるようになりました。そいつはスポーツも勉強もできるヤツで、先生に訴えたら「彼はそんなことはしない。それが本当なら、よほど君に原因があるんだよ」と言われ、砕け散りましたね。

天地　それはめげますね。

大橋　ですが、中学三年生の時にいい出会いがありました。当時、僕は担任からあまりの成績の悪さに「行ける高校がない」と言われてしまい、腐っていました。大工で中卒だった父は「高校なんか行かずに俺の弟子になればい

中学２年。いろいろ悩んでいた頃
〈大橋〉

い」と喜んでいましたが、僕は釘もまっすぐ打てないし、技術・家庭科の本立て制作の課題なんか、変なオブジェにしかならなかったですから、大工だけはなりたくなかった。そんな時、校長室の掃除をしている時、校長先生から「君、数学0点しか取ったことないんだってね。高校行きたいなら、さすがに0点ではどこも行けないから、一年生で習う計算問題だけでもできるよう僕と特訓しよう。僕は数学の先生なんだ」と言われ、それから一カ月間、放課後にマンツーマンで校長先生から数学を教わりました。

天地　その校長先生が、初めて会ったいい先生でしたか？

大橋　そうかもしれません。あ、転園先の幼稚園の園長先生も僕が教室から弾き出されると、園長室でよく遊んでくれましたよ。園長先生と遊びたいから、毎日我慢しても幼稚園には通っていた記憶があります。それでその校長先生は、対面ではなく、僕の横に座ってくれて、コピー用紙にグラフや絵を描いて、僕の右手を取って、何度も何度も計算の理屈を分かりやすく教えてくれました。それで何とか解答用紙の一枚目の左半分の上部分の計算だけは、多少は分かるようになりました。その結果、自宅から往復で約三時間かかる進学校ではない、定員割れをしていた田舎の県立高校に何とか合格し、高校三年間は毎朝五時に起きて通っていました。

つらい時には「リセット」することも大切

天地　自宅から往復三時間とは、県内の高校にしては大変な労力でしたね。

大橋　正直、公立では行ける高校がそこしかなかったこともありますが、小・中学校でいじめられていたので、正直、人生をリセットしたかった、が本音です。近くの私立高校も行けたと思いますが、誰も自分を知る人がいない中でやり直したかった、というのが大きいですね。その高校は、同じ地域の先輩もいなかったし、同級生や後輩もいなかったので良かったです。

天地　リセットしたい、という気持ちはすごくよく分かります。

大橋　最近、いじめに苦しんでいる子どもたちの話を聞いていて、転校や不登校になるしかないと追い詰められた時に「いじめはいじめた方が悪いのに、どうして被害者側がその場から逃げないといけないのか。去るのは加害者側ではないのか。理不尽で許せない」という切実な声を聞きました。僕も経験がありますが、学校が調査しても実態がなかなか明らかにならないのは、いじめる方も見ている方も本当のことが知られると自分たちの立場がまずくなると思うのか、巧妙に隠す、ということもあると思います。ある意味子どもは残酷ですよ。僕の場合も二ニコニコして天真爛漫な顔をされながら残酷な「いじめ」を受けていましたから。
天地　子どもは残酷で巧妙、というのは分かる気がします。
大橋「なぜ被害者側が逃げないといけないのか」という気持ちは痛いほど分かります。学校側、先生たちも変に平等に対処しようとして、結果として加害児童・生徒も守ってしまい、話がこじれるケースは多いですね。「いじめ」の対処は、被害側より、加害側に対しての対応の方が大切です。暴力などの犯罪行為をすれば、それは法律違反ですから、毅然と接して、しかるべく対処をし、かつ「なぜいじめたらダメなのか」という指導やケアをしないといけないと思います。
天地　そうですね。
大橋　結果論かもしれませんが、僕は「逃げて」正解でしたね。傷は十分残りましたが、遠距離通学をしてでもつらい場所から逃げて楽になりました。つらい場所から「逃げる」ことも時には必要です。
天地　私も退職した時は人生からリタイアするような感覚に襲われました。ですが「逃げる」と言うとマイナスな響きがしますが、しんどかった場所から一時期退避して自分を守ることは、長い目で見れば決してそれはマイナスではないと思います。

大橋　そうですね。「逃げる」という言い方が悪いですね。避難して身を守り、次に飛躍するステップとしての居場所を確保する、ということですから、それは決して「逃げ」ではない。そして三年間、毎朝五時に起きて最寄り駅から六時二分発の列車に乗り、夜遅くに帰宅する毎日ではありましたが、高校時代は「いじめ」も無く、成績は最低でしたが（笑）、先生方も寛容で、何とかそこを卒業しました。

天地　そこから地元の徳山大学（現・周南公立大学）に進学されるのですよね？

大橋　はい。ですが、実は僕も天地さんと同じく、大学進学に関してはいろいろありました。高校二年の時の担任が社会科の世界史の先生で、「君たちはどうせ進学しないのだから、教科

吹奏楽に熱中していた高校時代〈大橋〉

書はやらずに世界史の裏にあるミステリーの研究をしよう」と言い出して、グリム童話やアンデルセン童話の研究をしたのですが、それが実に面白くて、すっかり歴史研究にはまってしまいました。それでその先生に影響されたのか、例の「大人になったら復讐してやるリスト」を取り出して、小学校時代に僕をいじめた先生に復讐するには、「暴力はダメだから、同じ立場になればアイツらはひれ伏すのではないか、そうなると先生になるしかない！」と思い込んで教育学部がある大学への進学を決意しました。

天地　確か、大橋さんは経済学部でしたよね。

大橋　はい。実は行きたい大学の教育学部があって、そこを受けましたが、落ちました。かなり難易度が高い大学だったので、当然といえば当然です。その高校でもだいたい成績はいちばん後ろの方でしたから。ですが、当時、僕は久々の四年制大学への進学希望者だったらしく、三年時の担任は関西のある経済系大学を推薦してくれて。「あなたの成績ではその希望大学は幼稚園生がいきなり受けるのと同じレベルだから、学校推薦で関西のその大学に行きなさい。そこなら教員免許も取れる」と言われましたが、僕はどうしても納得できなかった。そしたら、担任が「あなたはいいお父さんを持った、実は昨日お父さんを呼び出して希望大学を諦めるよう言ったら『ダメでも挑戦しないまま諦めたら悔いが残る。落ちれば諦めもつくだろうし、受験料や交通費は何とか工面するから、どうぞアイツを受験させて華々しく散らせてやってくれ』と言われた」と言うんですね。それでその担任の先生も感激して、絶対無理だけど学校も全面的に支援する、と受験科目の国語、英語、社会科に一人ずつ先生をつけてくれて個人指導してくれました。

天地　小・中学校と、それまでは全く先生に恵まれなかったのに、一気にいい先生たちに出会ったのですね。

大橋　そうですね。そこは本当に感謝です。結果、その希望大学は父の言う通り華々しく散って、一浪して翌年に県内の私立大学に入学して、卒業と同時に、山口県周南市の地元新聞社に入社しました。そこで十七年間、主に記者を務めて、二〇〇五年に円満退社してフリーになりました。その後タウン誌の編集などを経験し、現在はフリーのライターをしていますが、記者時代を含めると、もう三十年以上「書く」仕事をしていることになります。

なかなか社会に合わせられない

天地　大橋さんの障害特性について、具体的に教えてもらえますか？

大橋　僕は、小さなころからできないことが多かったので、日常生活の中でおそらく大部分の人が簡単にできることができないわけです。決められた約束が守れないとか、決められた提出日に提出ができないとか、整理整頓ができない。片付けが苦手で、身近にゴミが落ちていてもなかなかゴミ箱に捨てられません。

天地　私も汚部屋になります。人が来るとようやく片付けますが、大橋さんは目の前にゴミが落ちていても捨てない？

大橋　そうですね。例えば日常生活を送っている中で、そこに「ゴミが落ちている」とわざわざ認識するのが難しいというか、普段、ゴミ捨てが習慣づいてないので、そちらに意識がなかなか向かないというか……。ゴミを見つけても、通常からそのことを考えているわけではないので、いきなり「ゴミ」がそこにあっても、「ゴミ箱に捨てる」という方向性に意識をすぐに切り替えられない、ということだと思います。

天地　それだと部屋とか片付かないですよね。
大橋　そうですね。一人暮らしをしていた頃、あまりに家がゴミだらけになって、両親が心配して大掃除をしたら大きなゴミ袋が四十袋ぐらい出てきました（笑）。現在は結婚して妻が片付けてくれるのと、僕の目の前にゴミがあったりすると、「ゴミがあるから、ゴミ箱に捨ててみようか？」と決して命令ではなく、意識を導いてくれるので自宅はきれいです。ただ、事務所は妻からも許しをもらって治外法権にしているので、十八年分の書類ゴミが地層のように積み重なって、相当ヤバいことになっています。
天地　散らかっていることが好きというわけではないのですよね？
大橋　そうですね。確かに「好き」ということはありませんが、子どもの頃から雑然としていることに慣れてしまっているので、汚くても落ち着くことはできますね。事務所内も雑然としてはいますが、僕なりのルールはあって、大事な物も散乱してはいますが、だいたいの物がどこにあるのか、アバウトですが把握はしています。
天地　ですが、それだと紛失はしやすいのでは？
大橋　そうですね。忘れ物や物を失くすことが多く、毎日携帯電話、カギ、財布のどれかを必ず紛失します。

天地　毎日ですか？　本当に？

大橋　はい。大事なもの、いつも身近にないと困るものに限って毎日忘れるし、失くしますね。これは常に自分の身近にあるから、あることが当然になって意識が向かなくなってしまうから、失くし忘れるのでしょうね。

天地　分かっているなら対処の仕方もあると思いますが。

大橋　そうですね。いろいろと気をつけてはいて、最近は妻の協力もあって、失くしても忘れても「見つかる率」は高くなりました。妻は僕がどこに忘れるか、だいたい傾向を覚えていて、僕の行動を把握して「多分あそこにあるよ」と推理すると、大抵はそこにありますね（笑）。あと、数に弱く、計算も極端に苦手ですね。

天地　計算が苦手というのは具体的にはどんな感じなのですか？

大橋　引き算や九九など、かなり考え込まないと厳しいです。九九はいまだに覚えられません。理屈ではなくリズムや歴史の年号のように覚えればいい、と何千回も言われて挑戦しましたが、それでも三の段の前半までが限界ですね。あと、「五分したら集合」とか「あと何分」と言われても時間を具体的にイメージすることがなかなか難しかったりします。

天地　こうして話していると、大橋さんは頭の回転も早いし、そんな簡単な計算が出来ないなんて思えませんが。

大橋　だからなかなか理解もされないのだと思います。多くの人は九九や一桁の引き算は、小学校の低学年でクリアするじゃないですか。私は大人になってもそれが難しいから、皆さん驚かれるし、なかなか信じてもらえない。

天地　私から言わせれば、とても不思議ですね。やはり、脳の機能として偏っている、ということなのでしょうか。

大橋　そうなんでしょうね。限局性学習症（ＳＬＤ）は、脳の認知の障害だと言われています。かつては学習障害（ＬＤ）と呼んでいましたが、学習全体が苦手なのではなく、計算や読み、書きなど、その一部が苦手なため、「限局性学習症」と呼ばれるようになりました。このうち、識字障害（ディスレクシア）の方は、文字の認識が難しいため、書き写しや形の把握が大変だったりするわけです。私の場合、読み書きはまだ大丈夫ですが、文字が詰まった文字が羅列している文章を読むのは少し苦手で、漢字の認識も少し怪しいです。ただ、それ以上に計算や数の把握が苦手です。いわゆる計算障害（ディスカリキュリア）ですね。例えば数式の「9－6」と書かれているのを見て、私の脳は9という数字を記号としか認識できず、例えばりんごが九個ある、というようなイメージができないわけです。6も同じで、だから頭の中で9から6が引けないのです。

天地　どうすればいいのですか？

大橋　目の前に九個のりんごを置けばできますね。

天地　そうなんですね。ですが、計算が苦手だと、買い物とか困りませんか？

大橋　困りますよ（笑）。ですが大人になった今は、買い物はスマホの計算機を使えばいいし、コンビニなどではレジが勝手に計算してくれますから、そんなに困らないですね。正直、小・中学校の時は本当に困りました。小・中学校の勉強というのは、基本的に数学のロジックをあらゆる面で使うわけですよ。もちろんダイレクトな算数もそうだし、理科でも社会科でもそうだし……。

天地　そういえば、一九九〇年代の米国ドラマ「ビバリーヒルズ高校白書」で登場人物の一人がそういった場面で、「あなたは学習障害なので、テストを別室で担当官をつけて対応する」

というのがありましたが、時代的に早かったですかね？

大橋　あれは九〇年代でしたっけ？　僕が診断を受けた二十三歳の時は診断した先生から「欧米では発達障害特性を持つ人が自分の持つ得意分野を伸ばすプログラムが確立されているし、自分の得意分野を伸ばして弁護士や医者になった人はたくさんいる」という話は聞きました。「日本では二十年くらい遅れている」とその先生は仰っていましたね。なので計算障害の特性を持つから困ったと感じたのは、教科としての学齢期だけの問題だったところはあります。先程も触れましたが、実は漢字がなかなか覚えられない特性もあるのですが、そこも含め、正直、ＳＬＤ（限局性学習症）よりはＡＤＨＤ（注意欠如多動症）の方が生活に支障はありましたよね。幼少期も今も含めて。

天地　しかし、記者時代や大人になってからも、意外と計算が必要な場面はありますよね？

大橋　確かにそこの失敗はたくさんありますね（笑）。県政や市政担当の時、平気で予算を一桁間違えたり。予算書の表記にある「〇〇〇千円」とか、結局いくらなのか、最後まで理解できなかった。その予算の元になっている価値は理解できるのですが、「数字」としての理解が難しいわけです。だけどワープロに打ち込むと計算してくれるから何とかなっていましたが、多動性や衝動性も強い僕はワープロも打ち間違えるので、よく数字は間違っていましたね。そう考えると、ＳＬＤで困ることもいっぱいありますね（笑）。「あと何行」が理解できない、も記者としては致命的ですね。

天地　原稿の金額を間違える……。私は一字間違えたらもう「この世の終わり」くらいに思って怖れて仕事をしていたので、それは大変ですね……。それでどうしたのですか？

大橋　当時の上司が理解ある方で、数字が関係してくる原稿は二重三重のチェックをする体制にしてくれて。あと、なるべく計算が必要な取材は外してくれていました。子どもの頃から理詰めが苦手な分、勘でカバーしてきたところがあって、現在もテレビの生放送や番組ディレクターをしていて、尺を緻密に管理しなければならないところはありますが、そこは周りのサポートを受けながら、自分の勘でカバーできています。当時も現在も、周りの同僚やスタッフの方には感謝しかありませんね。ですが、ＡＤＨＤ特性だけはいまだに苦労しています。

天地　先程から言われている大橋さんが診断されているＡＤＨＤ、その「注意欠如多動症」とは具体的に言うとどのような特性があるのですか？

大橋　当事者一人ひとり特性はすべて違いますが、一般的に言うと、片付けや整理整頓が苦手、興味が無いものに対して長続きせずに集中が難しい、約束やルーティンがなかなか守れない、とかですかね。

天地　なるほど。確かに大橋さん、当てはまるかも（笑）。ですが、先程苦労されている、とは言われていますが、現在の大橋さんを見ていると、少々のことは気にせず、どっしりとされているように思いますが。

大橋　そんなことはないです。必死ですよ。必死で取り組んでいます。今日だって約束した時間から二時間遅れたわけでしょう？「多動」というと、落ち着きのないことだけと思われがちですが、あれは行動というよりは脳機能の「多動」だと実感しています。常に頭の中をフル回転していないと気が済まないという。子どもの頃はそれが行動に出るのですが、大人になるとあちこち行ったり来たりはしなくなっても、常に脳を休めないから、疲れやすいのだと思います。

天地　今日の約束の時間、私はさらにずれると思っていましたよ（笑）。

大橋　そこは努力しました。必死でもがいてもがいて、そのうえでの二時間遅れなのですが、そこは相手が合わせてくれないとできないわけです。一般の常識ではなかなか理解されませんが、僕は計算も苦手なので、仕事でも約束の時間に間に合うまでに何をするべきなのか、その段取りが計算できないので、異常に早く準備を始めて何とか間に合うのですが、毎回必死ですね。

天地　でも、私との約束は間に合いませんよ（笑）。

大橋　それは、天地さんのことが大好きなので、甘えているのです。天地さんなら許してくれる、という安心感があるので。なかなかそういう人間関係を築ける方もいないので、感謝しています。ですが、それが原因で絶縁してしまった人もいるのが正直なところですね。

天地　ありがとうございます。しかし、お話を聞いていると、学校とかルールを守ることが第一ですから、子どもの頃はもっとしんどかったのでしょうね。

大橋　そうですね。今の日本の学校社会は、我々の時も今も、ほとんど同じ制服を着て規律正しく、時間の中で同じスピードですることを前提に構成されているので、僕らにとってはしんどいですよね。同じ理解力が同じスピードで求められていく学校社会は無茶苦茶きつくて、しんどかったです。

天地　では大人になるのに従って楽になっていったのですか？

大橋　そうですね。高校からは日本の教育システムって学力差で分けるじゃないですか。僕が通った高校は進学校ではなかったし、勉強はできなくても進級はできる、卒業はさせてくれる学校だったので、勉強ができない、集団生活の中でも苦手が多いことに対して割と寛容でした。だから高校時代はとても楽でした。大学も私立で入試に理数系はなかったし、文系で理数系の授業は一切履修しなかったのと、学生一人ひとりの個性を尊重してくれる大学だったので、そういう意味では楽だったです。

天地　ですが、今の大人の社会は、寛容だけじゃないですよね。

大橋　確かにそうです。多くの大人の発達障害の当事者はそれで苦しんでいると思います。まだ日本はマニュアル社会ですよ。例えばどんなに営業成績が良くても、遅刻したりするとアウトでしょう? なかなかルールが守られなかったり、対人関係において苦手なことが多かったりする発達障害の人たちにとっては、しんどいと思います。社会に合わせられない苦しさを抱えているわけですから。「発達障害」といっても当事者一人ひとりみんな特性は違いますが、是非たくさんの人に知っていただき、その方たちの特性を理解していただいたうえで接してくださると、ずいぶん環境は良くなるのではないか、と思います。

個性を発揮できた記者時代

大橋　ここで、僕たちの記者時代について話しましょう。まずは天地さんが記者になった経緯を教えてください。

天地　大学時代、イギリスに一カ月語学留学したり、先輩の影響などもあって進学を志しまして、無謀にも京都大学大学院を受験するも、見事に散りました。この時いくつか選択肢がありました。まず英語の外国人講師から「金を出すから留学しないか？　百万か二百万必要ですか？」と誘われたり（怖くて断りました）、バイトで知り合った東京のネクタイ売りの社長に「緑イカ」の寿司を食わせて気に入られて「卒業したらうちに来たまえ」と言われたり、島根大卒の部長がいる岡山の和菓子屋からスカウトされていました。

大橋　「緑イカの寿司」って？

天地　これは先輩からの受け売りで、ワサビでイカが緑に見える寿司屋があるというのを、松江に来ていたネクタイ売りの社長にバイト中に話したら「連れて行け」と言われて気に入られてですね、ハイ。脱線しました。さらに卒論の発表の前日にアメリカに留学に行っていた彼女にエアメールでフラれました。また脱線。それで松江にいられなくなってですね、卒業年の二月に就職掲示板にあった東京に本社がある新聞社を受験して合格しました。新聞記者になろうというのは、淡い希望でしたが、合格した時はうれしかったですね。親もこれ以上お金もかかるし、大学院には行かせたくなかったようなので、就職が決まって喜んでいました。

大橋　入社してからはどんな感じになるのですか？

天地　入社して六年は整理部という価値判断、レイアウト、見出しなどの制作部門にいて県版から一面まで担当してから卒業して、暮らし面の部署に入って、制作と併せて芸能の取材をすることになりました。その流れなどで疲れがピークに達した感じで、この時期に統合失調症の発病を迎えてしまいました。そのまま在籍十年で退職してから山口県に戻ってきました。

大橋　当時の話を聞かせてください。

天地　調子のよいヘンテコな話から（笑）。「いいちこ事件」というのがありました。三年目の整理記者時代、ひょんなことから「いいちこ」のボトルを行きつけの居酒屋で私の名前で持っていました。これは、「いいちこ」のメーカー名が、記事中で「三和酒類」となっていて、私が「三和酒造」ではないかと確認するため（「三和酒類」が正解だった）開店前の居酒屋に駆け込んで確認したら、おかみさんが、「これどうせ来なくなった人のボトルだからあなたにあげる」と言われたんですよ。それで部長以下同僚を引き連れて「今日は私の『いいちこ』を飲もう」となったら、何と常務が勝手に飲んでいた（笑）。それを部長が烈火の如く怒鳴り散らしてですね。年末に私は役員室に呼ばれて宮崎の「百年の孤独」にありつけたんです。ふざけました。あはっ。

大橋　いやいや、面白い話だと思いますよ（笑）。ウラ取りは記者としていちばん大事なことですから。

天地　さて、整理記者時代と芸能担当記者時代に分けて話しますね。断然に整理記者の時代が長かったので、いろいろあります。簡単なところではやはり社会面を担当した時が一番会社内外で評判が良かったですね。「あの見出しはいい」という電話が二回もきました。例えば、「『青汁』の会社がケールの代わりにキャベツを使っていてけしからん！」みたいな内容の記事が来たので、当時のCMをまねて「う〜ん、まずい」とやったんです。これは翌日に他紙をみたらスポーツ紙で少しやっていたところはありましたが、ほかはただ「ケールの代わりにキャベツ」という見出しで。こういう時に整理記者は「勝ったぜ」と思うわけです。上司や先輩からはいつも「通勤ではセンスのいい見出しが並ぶ週刊誌の中吊り広告を見て勉強せい」と言われていました。
大橋　一般の方は記者というと、取材記者を思い浮かべると思いますが、実は整理記者はとても重要な仕事です。取材記者が書いた記事がデスクを通って整理部にあがってくると、整理記者はその内容を鑑みて、紙面の中でどういう扱いにするのかを判断し、そこからレイアウトを組んで、見出しを考えていきます。ニュースの価値をどう高めるか、という意味では整理記者はやりがいがあると思います。
天地　ありがとうございます。方言見出しにこだわった時期もありました。関西の記事でしたが、扱いは小さいものの、見出しで方言を使おうと該当の市役所に電話して「〇〇という時、どう地域の方はおっしゃいますか?」と取材してから拝借するとか。後は幻の見出しで、「まあスワンなさい」というのがあります。
大橋　スワンなさい?何ですかそれは?
天地　写真ものの記事で、フランスのセーヌ川で白鳥を越冬のために、保護地域に運搬するのに舟に乗せていて、白鳥がぎっしり「座っていた」のです。それで白鳥は「スワン」だから。「まあスワンなさい」(笑)。でも緊急のニュースが入り、お蔵入りになりました。あれは残念でし

記者時代。とある記者クラブ内で〈天地〉

たね。横にいた先輩も「惜しかったねえ」と慰めてくれました。会心の出来でしたからね。

大橋　なるほどねえ。

天地　そんな感じだったので、会社のリクルートのホームページでも当時、「先輩の横顔」という数人の中に選ばれました。編集局は、とかく外勤記者が花形ですが、私は整理記者であることに誇りを持っていました。ただ、読者から見出しが評価されるなど、ホームランも打つのですが、まじめな価値判断やレイアウトのアベレージは日によりけりで、デスクには出来が悪いと毎晩のように、「反省会」と称して飲み屋でダメ出しを食らってました（笑）。

大橋　そのあと、外勤の記者として、芸能面を担当するのですよね。

天地　そうですね。人気のある男女の俳優さんや歌手には若手の記者に行ってもらいまして、私はもっぱら渋い役者さんや、芽が出るか分からない新人さんに取材に行っていました。渋い役者さんは話が楽しいし、気配りがものすごい。目立たないかもしれませんが、脇役いてこその主役だということがいやというほど勉強できました。人気漫談家Aさんが絶頂の時に取材できたのも、売れていないレコード会社所属の歌手をたくさん取材したことがきっかけでしたね。取材者から「テープとらないんですね。あなたは偉いです。とっておきの話をしましょう……」なんて言われて秘話を教えてもらうなど、楽しいこともありました。あと、ある若手の俳優さんを取材した時、その方がより映える角度をマネージャーさんと相談しながら写真撮影したところ、事務所から感謝され、その事務所の看板女優さんの主演映画の試写に招待され、その女優さんと一緒に観る幸運もありました。

大橋　僕も映画コメンテーターとして多くの俳優さんにインタビューさせてもらいましたが、芸能の分野で秀でている人はオーラもあったし、学ぶべき点は多かったですね。

天地　テレビで大橋さんがレオナルド・ディカプリオさんとクエンティン・タランティーノさんに質問しているのを見た時は、私も誇らしかったですよ。

大橋　ありがとうございます。ディカプリオさんは誠実で腰が低かったですね。今までの取材での実感ですが、超一流の人は皆さん謙虚で優しいですね。タランティーノ監督は陽気でマニアックな映画好きで、同じ匂いを感じましたが（笑）、「君はいい質問をする」と言われた時はうれしかったです。あと、天地さんも、先程のAさんをはじめ、たくさんビッグネームの芸能人の方を取材していますよね。

天地　そうですね。デビューしたばかりの今をときめくとある女優さんの駆け出し時代も取材させてもらいました。当時十六歳で、読者プレゼントの色紙をカーテンに隠れ書いていらっしゃいました。お笑いで人気のHさんには、狭い四畳半のテレビ局の楽屋で当時はやっていたダンスを一カットごと全部シャッターに収めさせてもらいました。いい思い出ですね。プロデュースもしました。売れていないグラビアアイドルがボランティアする活動をグループでしていて、ほかの取材でたまたま「車いすビリヤード」を取材して、彼女らを車いすビリヤードの全国大会に呼んで華を添えてもらう手筈を整えました。整理記者時代とはまた違った醍醐味がありましたね。

映画談義で就職戦線を突破

天地　大橋さんが記者になったきっかけは何ですか？

大橋　大学四年生の時、正直、就職のことは考えていなかったですね。就職も決まらずにぼーっとしていたんだけど、就職課の職員の方が、血相変えて僕を探しているっていうことで、就職課の掲示板に名前と学籍番号が書いてあって、二カ月くらい貼られていたんです。それを見ても焦るわけでもなく、何も思わないんですよ。それも特性かな。その時は「行かなきゃ」と思うのですが、次の瞬間には忘れている（笑）。自分が興味を持っていること以外に関しては、興味も関心もないですから……。そこで誰かが無理やりにでも連れて行かない限りは行かないんですよ。よっぽど自分の利害が絡まないと、ことの重要さが実感できない。就職しなければならないんだろうけど、なかなか自分の興味がそちらに向いていなかったということですね。どうせ就職しても、という気持ちもあったのかなあ。

天地　でも、就職するわけですよね。

大橋　そうですね。あと就職活動しなかった理由がもう一つありました。それは先に触れた、小学校卒業時に作った「大人になったら復讐してやる先生リスト」に関係するのですが、進学した大学でも教職課程があって、履修して中学・高校の社会科の教員免許は取ったのですね。教職を学ぶうち、高校時代に思った「いじめた先生と同じ立場になって復讐してやる」気持ちが再燃しまして。ですが、いざ母校の高校に教育実習に行くと、小テストの教官とかしても、数学や理科など、その内容がさっぱり分からないし、指導担当の先生は僕の中学時代とは真逆で、常に生徒のことを考えている先生だったので、「復讐から先生になるなんて先生に失礼。僕には無理」と諦めました。ただし、基礎学力が全く無いのだから、教員採用試験を通ることもまず無理でしたが……。それで今さら他の職業に就く気にもなれなかった、というのはありました。

天地　「映画関係に就職する」という選択肢はなかったのですか?

大橋　いやあ、山口県の片隅にいると、映画なんて夢の夢のまた夢ですよ。高校時代、一瞬映画学校に行くことも考えましたが、その時もその世界に飛び込む勇気がなく。少年時代に「いつか映画を観る側ではなく作る側の人になりたい」と夢見ていましたが、それは現実的にはなかなか思えませんでした。

天地　でも、あとで語ってもらいますが、大橋さんは最終的には「映画を作る」夢を実現するから凄いと思いますが……それでどうなるのですか？

大橋　四年生の秋頃だったと思いますが、就職課の藤井さんという方が、僕が受けている授業の教室までわざわざ来て、「授業が終わったらすぐに来なさい」と言われて、強制的に就職課に行きました。こんこんと「就職しなさい」と説得をされました。当時、大学の宣伝として「就職率一〇〇％」を掲げていたみたいで、学年全体で僕だけが決まっていなかった、というのもあったのだと思います。

天地　大学から見たら、就職してもらわないと困ったわけですね。

大橋　そうだったのでしょうね。それでその「藤井さん」曰く、僕が受けた試験の時、試験官をやったことがあって、「君は論文を書く試験で、答案用紙が足りなくてその裏までびっしり書いていたから、新聞記者とか向いているんじゃないか」と、地方紙の求人票を持ってきてくれまして、それで受験をすることになりました。

天地　ありがたい出会いですね。

大橋　本当にそうです。藤井さんがいなかったら、僕は記者になってなかったですね。今思うと、たくさん学生がいる中で、試験の回答の内容を覚えていた、ということも凄い話ですよね。正直あまり就職活動をすることに乗り気ではありませんでしたが、藤井さんの熱意に負けた感じです。それで新聞社の採用試験の日は授業があったので、担当教授に休講届を出したら、その教授が「ここの新聞社の編集局長は親友なんだよ。君、今から時間あるか？」と言われて、すぐに二人でバスに乗って新聞社に行って、その教授、応接室に通された途端、その編集局長さんに「彼、今度ここの採用試験を受けるのだけど、何とか採用してもらえないだろうか」と頭を下げてくれたんですよ。

天地　素晴らしい教授ですね！

大橋　本当に。大学の先生が僕のために頭下げてくれるんだと、びっくりしました。その教授が僕のことを「彼は面白いヤツで、成績は正直イマイチだけど、目のつけどころや物の見方が他の学生とは違う」と言ってくれたことにも驚きました。あまり人に褒められたことがなかったので、うれしかったですね。子どもの頃から親以外の大人からはけなされ続けてきたので。先生、近所の大人とか。そういう人たちから「この世にいてよくない人」のように言われてきたので、就職課の藤井さんとその教授が僕のことを褒めてくれたこと、そして必死に新聞社に売り込みをかけてくれたことに心から感動しました。

天地　いい話ですね。

大橋　それで「頑張ろう」というか「ここに就職したい」という気持ちになって、すぐ社長面接して試験を受けました。ですが、社長面接も変な感じで、「君映画好きなんだってね」「はい大好きです」「俺も好きなんだよ」となったために、映画談義を三時間以上したんですよ。面接はそれで終わりでした。「これって面接？」って思いましたね。次に試験に行ったら、びっくりしたのが、結構人数が多くて、三十人位の人がいたことです。試験は一般常識で「三権分立について説明しなさい」「青色申告とは何か」とかでしたね。一週間位して電話があって、「合格です」と言われて、聞いたら合格者は僕一人だったそうです。あとから聞いたのですが、試験は僕が最低点だったんですって。一応、社会科の教員免許も取りましたけど、「三権分立」「青色申告」が何なのか分からなかった（笑）。百点満点で二十点もなかったらしいですよ。百点近くとった人はたくさんいたらしいです。

天地　それでも大橋さんを採用したのはよほどの理由があったのでしょうね。

大橋　結構有名大学の出身者もいたらしいのですが、あとで聞いたら、社長と編集局長が誰を採用するかとなった際に、編集局長が言ったのは、親しい教授の推薦を無駄にできないと。あと、その教授は面白い人だったので、面白い人が「面白い」と言う人は多分面白いだろうと。新聞記者という仕事は必ずしも知識だけでできるものではない、と採用になったらしいです。あと、社長から言われたのが、記者として必要な知識や技術は就職してから身につくが、映画などの知識は簡単に身につくものではないから、何かに特化して秀でた人間は、いろんなものに興味を持てるという点では、記者職に向いているのではないか、ということだったらしいです。

天地　子どもの頃からの映画好きが報われた瞬間ですね。

大橋　社長が、自分も相当映画好きだけど、学生で三時間以上映画だけの話ができるヤツはそんなにいないよ、と仰ってくれて。社長は僕と話すことが面白かったらしいです。当時四十歳くらいの社長と二十歳そこそこの学生が、普通に話が盛り上がるということ自体に、僕の人間力みたいなものを見抜いてくれたそうです。正直うれしかったですね。紙のテストで一度も認められたことがなく、大学受験も失敗し、高校受験も「どこも行ける高校はない」と言われてきた僕は、勉強ができないということだけでずいぶんしんどい思いをしてきたから、ちょっと驚くとともに、初めて大人に「評価」されてうれしかったです。

記者時代（30歳頃）。取材先で〈大橋〉

天地　それでは大橋さんの記者時代のエピソードで何か面白い話はありますか？

大橋　そうですね。ある団体の創始者のことを、現代表が「もう亡くなられた」と言うので、故●●さんと記事にしたら、その●●さんから「ワシはまだ死んでない」と電話がかかってきました。慌てて現代表に電話したら「創始者は亡くなっていると思いこんでいた」と言われて。裏付け取材の大切さを身をもって感じましたね。あとは選挙、事件取材など、とにかく若い時は懸命に、寝る間を惜しんで仕事に没頭していました。ある事件の取材で、被害者は子どもさんでしたが、ちょっと騙したような感じであるルートから卒業アルバムを入手して他紙より鮮明な写真を掲載できた時は上司からも褒められましたが、今振り返ると、決して良いことじゃなかった、と反省しています。

天地　失敗談だけですか？

大橋　「人」の取材は得意でしたし、原稿もよく褒められました。街の人たちには本当によくしてもらって、様々な人と出会い、その「生き様」を記事にさせていただきました。早くに夫を亡くして、朝から晩まで働いて子ども五人を全員大学まで進学させたお母さん。あまりのハードワークから生死をさまよう病気を患い、自分の使命は「世の中の働きすぎの人を楽にさせることだ」と自覚したシステムエンジニアの男性。コツコツと身体に障害を持つ子どもたちのため、自費で水泳によるリハビリ指導をしている男性。そうした方々を紙面で取り上げさせてもらって、反響も大きかったし、僕自身、大切なことを学ばせてもらいました。

天地　大橋さんらしいですね。

大橋　あとは市政担当も長かったので、選挙取材や事件事故の取材も頑張りましたね。選挙の予想記事は鋭い、と評判でした。選挙取材はコツコツと事務所回りをして、関係者や団体、支持者の自宅まで出向いて直接話を聞き、そこからまた取材対象を広げてどこまで支持が広がっているか取材をする。そのうえで世論調査の結果を受けて予想記事を書いていました。それから割と大きな規模の贈収賄事件があって、それは連載記事を組んでもらい、これも過去の不自然な入札の実例までさかのぼって明らかにして、徹底的に関係者から取材をして実態を細かく書きました。読者の反響も大きかったです。

天地　緻密な取材をしてきたじゃないですか。

大橋　いえいえ。取材そのものは一生懸命やるし、聞き出すことは得意だし原稿を書くことも苦しくはありませんでしたが、アポの時間を守るとか、予定通りの取材をこなすとか、締め切りを守るとかは、上司や同僚の協力があってできたことです。

「ホームレス新聞記者」になってしまった！

大橋　先程、ホームレス状態だったことがある、と言いましたが、これは本当の話です。実はある映画関係者から「ホームレス新聞記者」のタイトルで映画化できませんかね？と相談があったこともあります。

天地　本当ですか？それは凄い。

大橋　僕は「ホームレス中学生」の二番煎じだよなあ、て思ってしまいましたが（笑）、結局その話は立ち消えてしまいました。映画の企画が倒れることはよくあるので気にしていませんが、いつかホームレス体験だけじゃなく、僕自身が発達障害と向き合いながら波乱万丈の人生を送ってきた経験は、映画界の末端にいる者として、いつか映画にしたい、という想いはあります。

天地　それは是非観てみたいですね。

大橋　二十代の終わり、バリバリ記者としてやっていた頃、身内の者が経営していた会社が破綻しまして、僕がその債務の肩代わりをしてしまい、その身内も踏ん張ってはいたのですが、突然行方不明になってしまって……。結局、かなりの金額の負債を抱えてしまって、会社に給料の前借りを繰り返して何とか凌いではいましたが、とてもではありませんが、個人でどうにかなる金額でもなく、知り合いに紹介してもらった弁護士さんを通して裁判所に自己破産を申請しました。

天地　何と！ 初めて聞きました。大変でしたね。

大橋　当時はまだ自己破産を申請する人は少なくて、全額免責処分にはなりましたが、結果が出るまで二年近くかかったと思います。

天地　それでどうなったのですか？

大橋　給料は裁判所に差し押さえられました。法律では生活を保障するため、給与の四分の一は本人に支給されないといけないのですが、実は……。

天地　実は……何ですか？

大橋　もう三十年前のことなので時効でしょうから言いますが、当時、僕の窮状を知ったある方が、金融機関に口を利いて融資をしてくださっていて、裁判所にその分を申告するとその方に返済責任が及ぶため、どうしても裁判所に申告できず、四分の一の給与分はその方に毎月返済していたのです。

天地　ということは、手元に残るのは0円ということですか？

大橋　はい。それで家財道具、電化製品全部を手放してアパートを解約し、ホームレス状態になりました。会社にはある程度の事情を話し、車は会社のものを借りて、仕事に必要な個人持ちのカメラだけは残して、本当にホームレスになってしまいました。仕事はしていたので、いわゆる「住所不定有職」でしたけど（笑）。

天地　家族の支援はなかったのですか？

大橋　そうなったのは身内が原因ですので。正直、家族もホームレスとまでは行きませんでしたが、ほぼ同じ状態でどうしようもなく。父と母も長年住んでいた自宅を追われてしまいました。ただ、あの優しかった父と母でしたから、僕のことを心から心配していたのは事実です。

天地　壮絶すぎて言葉も出ません。

大橋　ただ、僕は割とのほほんとしていたというか、ホームレス生活を楽しんでいましたね。

天地　本当ですか？　信じられません。

大橋　楽観的というか、何というか。つらかったけど、こんなのサバイバルと思えば何とかなるよね、と思っていたし、今でもよく覚えているのは、ホームレスが決定的になった時、「まだ仕事もあるし、仲間や友人もいる。子どもの頃の地獄のようないじめに比べれば、こんなの苦しくも何ともない」と思ったら、ものすごく心が楽になったことです。

天地　そう思えることが素晴らしいですね。

大橋　この対談をするにあたって当時を思い出して最近気づいたのですが、これも僕のADHD特性に起因しているのかもしれません。ものすごく過酷な状況になっていて、お金も無ければ今日食べるもの、住むところもない。だけど、あまりその現実的な「痛み」をリアルに感じず、「この状況を楽しもう」と思ったら、本当に今まで気づかなかったことも気づいて楽しくなったり。それでまた思ったのが、「傷ついて痛い、とかお腹が空いたなどの肉体の状況から感じる実感」のしんどさは、子ども時代に殴られたり蹴られたりした「痛み」よりかなり軽いな、とも思いました。そう考えると自分の特性も悪いことばかりじゃないですね。ポジティブに生きる武器にはなっているかもです。

天地　大橋さんのホームレスの話を聞いた時、私の「そう」状態に似ているな、と思いましたが、伺っていると本質は違いますね。私の場合は完全に「ナチュラルハイ」になっているので周りが見えなくなっている。大橋さんはある意味冷静だったわけですものね。

大橋　冷静だったのかなあ（笑）。それで最初は本当に橋の下とかにもいましたが、なかなか耐えられず、結果、社長に許可を得て、会社が配送用に使っていた、もともと田んぼの側なんかにあるような、トタン屋根の小さな小屋に住みつきました。トイレもお風呂もありませんでしたが、新聞を置くスペースは開けて、奥にベニヤ板で覆って一畳分ほどの住居スペースを作り、そこで暮らしていました。

天地　本当ですか？　社宅などはなかったのですね？

大橋　そうですね。でも、社長と編集局長には全額裁判所に申告していないことも全部正直に話していましたが、会社はよくそれでも解雇もせず、配送小屋に住むことも許してくれて、雇用し続けてくれたと思います。正直、トラック運転手にならないか、などの誘いもありましたが、僕にとって記者職は天職とも感じていたし、当時は「辞める」という道は考えられなかったです。原因も自分のせいではないし。「絶対道を開くんだ」とメラメラ燃えていました。

天地　そんな生活が二年間も続くのですね。困ったことも多かったでしょう？

大橋　はい。まずトイレですね。近くに役所があって、駐車場に公衆トイレがあったのでそこを利用していました。間に合わない時は……これは公にするのは控えます（笑）。はっきり言えば、布団の中でやっちまった、という山頭火さんとどっこいどっこいです。あとは、風呂は二年間入ったことがありません。川で水浴びしたこともあります。それで、割と近くに洗車場があって、真冬のことでしたが、そこで「オシ！」と気合いを入れてから、一週間に一度、何とか手に入れたワンコインで、車用の洗車ノズルで身体を洗っていました。寒かったし、痛かったですね。死ぬかと思いましたが、慣れればあまり苦痛にも思わず。

天地　それは、私の「そう」状態時の奇行もびっくりの奇行ですよ。

大橋　それで笑い話ですが、当時、何日かに一度、記者は遅番で深夜までの当直があったのですが、ある夜、会社に電話があって、「最近、夜な夜な近所の洗車場で、洗車用ノズルで身体を洗っている変な人がいる」と言われるので、「あ、それ僕です。ご迷惑をおかけしてすみません……」と謝りました。

天地　ウソのような本当の話ですね。

大橋　ですね……だけど、このことを思い出すと、今も涙が出てくるのですが……。当時、まず他社の記者の皆さんが、ある時から、僕を「励ます会」を定期的に開いてくれました。僕はそんな生活をしている理由は、一切誰にも話さなかったのに、みんなが察してくれて。現金をあげたりすることは僕のプライドが傷つくと思ったのでしょうね。ただひたすらに「お前が主役だから会費は要らない。とにかく飲め、食え」と……。これはありがたかった。そして、近所のショッピングセンターの社長、この方は今もお仕事をくださっていますが、その方が手を回してくれて、その界隈に行くと、いろいろと賞味期限が迫った食品が僕のカバンの中に入っていたり……。文化会館の事務局長は、取材に行くたび、楽屋のシャワー室のカギを、何も言わずに差し出してくれて、それで洗車場の身体洗いから解放されました。

天地　ありがたいですね。

大橋　皆さん、取材を通して知り合った方ばかりです。本当にありがたかったし、うれしかった。そしてあるホテルと割烹が一体になった施設の女将さんの好意で、週に三回、泊まり込みの深夜のフロントと皿洗いのアルバイトで雇ってもらいました。これも社長に相談しましたが、「副業ダメですよね？」と言うと、社長からは「終業後のことなんて、俺は知ったこっちゃない。聞かなかったことにする」と言われて……。僕がいまだに山口県下松市に住んで、ここでイベントや企画の仕事もして、市制の周年事業として映画製作を企画して携わってきたのも、この街の方々への恩返し、という面が強いです。

天地　それで免責が降りたのですよね？

大橋　はい。二年近くかかりましたが、債務全額が免責処分となり、アパートを借り直して再出発しました。その直後に今の妻と友人の紹介で知り合い、結婚もして今に至ります。その頃たまたま山口県で映画製作が続き、取材を通して多くの映画人の方と出会いました。そこから私の映画の師匠とも言うべき「半落ち」「チルソクの夏」などの佐々部清監督という方と出会って、山口県内で佐々部監督が製作される映画のお手伝いをしているうち、新聞社で築いたスキルを活かして、映画に本気で関わろう、と四十歳で退社しました。その後は様々な仕事をさせてもらっていますが、映画の企画・製作にも携わらせてもらっているのはありがたいですね。

天地　子どもの頃からの夢がかなった瞬間ですね。うれしかったでしょう？

大橋　そうですね。ですがこれも新聞記者をしていたからです。取材で撮影現場を訪れたことがきっかけだし、佐々部監督も取材で知り合いましたし。あと、編集局長からの依頼で、紙面で映画評の連載もしていました。これも改めて「映画」への批評眼を磨く機会になりました。すべては記者時代の経験とスキルのお陰です。

天地　社長や編集局長は退職を許してくれたのですか？

大橋　はい。頑張れよ！　と背中を押してくれました。お二人には、今でも心から感謝をしています。

コラム② 天地成行さんと自由律俳句

自由律俳句の魅力

自由律俳句とは、簡単に言うと、五七五の定型俳句に対して、決まった形式は一切無く、感動や印象を言葉として一行に表現したものです。

自由律俳句協会のホームページには、「自らの感性に尋ね、素直な自己と向き合います。そして素直に言葉を紡ぎ出す、こうした自己との向き合いがなければ、自由な枠組みの中で自己の感動の素直なリズムは生まれてきようがありません。物に託して思いや印象を率直に無駄のない、自らのリズムで一つの段落のある一行にまとめる、これが自由律俳句です」とあります。

歴史を紐解くと、近代俳句を提唱した正岡子規の弟子である河東碧梧桐《かわひがしへきごとう》が十七音に縛られず、自由に感情を表現する新傾向俳句を主張し、碧梧桐の後輩である荻原井泉水《おぎわらせいせんすい》が「季語無用論」を唱え、さらに進めて自由律俳句が確立された、とされています。

この井泉水が主宰した俳句機関誌「層雲」に参加したのが、「漂泊の詩人」と呼ばれた、自由律俳句の第一人者で、山口県防府市出身の種田山頭火（1882〜1940）です。

社会や家族と一線を画し、各地を放浪しながら酒と人と自然を愛し、数々の名句を残した山頭火。

「分け入っても分け入っても青い山」「へうへうとして水を味ふ」「うしろすがたのしぐれてゆくか」「ころり寝ころべば青空」

季語や決められた形が無くても、山頭火の句は日本各地を歩きながら時々の想いを俳句に刻んできた松尾芭蕉の精神を継ぐものであり、これらの名句は、時代を越えて、鮮烈な印象を今も私たちに与えてくれます。

自由律俳句は心のリハビリ

さて、対談本文にも出てきますが、統合失調症と気分障害のダブルの症状に苦しみながら、数々の奇行を繰り返してしまう天地さんにとって、自由律俳句との出会いは、まさに人生における転機だったと言って良いと思います。

天地さんは、母親と訪ねた山口市の山頭火が過ごした草庵で、俳句の師匠である俳人・河村正浩先生と出会い、自由律俳句と本格的に向き合うようになり、やがて俳句仲間二人と共同で三人句集「ベクトルの始まり　三人句集」を発刊されました。

天地さんにとって、自由律俳句の創作は

心のリハビリであり、まさに「自らの感性に尋ね、素直な自己と向き合い、素直に言葉を紡ぎ出す」作業だったのだと思います。

天地さんは、自著『わたしは山頭火!?』でこう記されています。

「私は服薬・睡眠、そして『自由律俳句と向き合うこと』で心の安寧を得て、八カ月の予定だったものを二カ月で退院した。それからというもの、山頭火に少しでも近づこうと自由律俳句に熱中した」

山頭火が各地を放浪しながら、旅の中で感じた想いを、自由律俳句として言葉に紡いでいったように、天地さんもまた、自らの病と向き合いながら、心の旅を通して、その想いを自由律俳句に託している、と感じます。

天地さんは前出の著書に、「自由律俳句を作るときに大切にしている」ものとして「観察と、音の響きと、流れと、親しみやすい言葉選び。あとはユーモアのあるもの」を挙げています。

天地さんが、人生において大切な創作活動に「ユーモアのあるもの」を大切にしているからこそ、苦しさの渦中にあっても、天地さんが紡ぐ俳句やミニコミ誌の文章、またはこの本の対談本の言葉に、人生を前向きにとらえる「ユーモア・おかしみ」を僕は友人として感じるのです。

文末に、天地さんの句のうち、僕の大好きな句を三句記します。

五〇キロの母に百キロの巨体で甘える
愚痴って愚痴って愚痴って明日への軌道修正
おならが出る　今日を正直に生きている

文／大橋広宣

【参考資料】
・山頭火ふるさと館ＨＰ
・山口県立大学附属郷土文学資料センターだより第10号「山口県の自由律俳句史」（２００７年11月８日発行）
・自由律俳句協会ＨＰ
・『わたしは山頭火!?』天地成行著（株式会社くるとん刊）他

第三章　「障害」について考えてみる

障害？ 障がい？ 障碍？

天地　さてこれまで二人のそれぞれの経歴やエピソードについて語ってきましたが、話題を変えて、私たちが抱えている「生きづらさ」について考察し、語り合っていきましょう。まず話題にしたいのは「障害」という言葉についてです。「害」という言葉から来るマイナスイメージがあるからか、昨今、障害の表記について「障害」「障がい」「障碍」など様々な表記がされて、議論や話題になりました。あと「精神障害」「発達障害」というネーミングも、本当に適しているのか、ということは議論されていいかと思います。

大橋　「精神障害」なのか「精神疾患」なのか、僕らも「発達障害」なのか「発達凸凹」なのか。あとで詳しく触れますが、最近「発達障害」は「神経発達症」と呼ばれています。このように「障害」というものの言い方に対しては、いろんな意見とか考えがあるから一概には言えませんが、基本的にその人が持つ特性、因子みたいなものが一つの発火点になって平均的な人間の身体機能や思考機能、精神機能のレベルを阻害し、生活に影響が出るものであれば、それは「障害」であるとは思います。しかし、実際には人のことを「害」と呼んでいいのか、という問題があるから、天地さんはこれまで著書やミニコミ誌では「障がい」と表記されてきたのですよね。

天地　そうですね。

大橋　自分は何者なのか、ということを考えるのは大事なことと思います。「発達障害」にしても「精神障害」にしても、それを抱えてどう生きるかといったことに関わってきますよね。

天地　この本を読まれた方が、自分にもそういうところがあるのかもしれないと思うかもしれません。

大橋　結論めいてきますが、要は障害特性を持ちながらも、自分が得意なこと、好きなことである特性を、社会や家庭の中で発揮して、どう心地よく生きられるか、が大切だと思います。どう自分のマイナス特性と向き合って折り合いをつけながら、プラスの特性を発揮して、自分を心地よく、できれば周りも心地よく、生きていけるかといったことが一番大事なポイントかな。これは障害があるとか無いとかではなく、すべての人に当てはまると思いますね。

天地　それは、私も痛切に感じますね。自分のしんどいところと付き合っていくしかないですから、その中で自分ができることをぼちぼちやっていくしかないな、と思います。

大橋　前に天地さんと話した時に衝撃だったのが、「精神障害をカミングアウトすると女の子が逃げていく」という話です。これは今では全くの誤解と解明されていますが、何か重大な事件が起きた時に、容疑者に精神障害や発達障害があるという報道が流れてしまったことで、イメージが悪くなってきたことはありますよね。

天地　そういう流れは肌で感じていましたね。報道のたびにつらかったです。

大橋　例えば犯罪の容疑者が実際に発達障害や精神障害と診断された過去があったとしても、それは障害や疾患が犯罪の理由や原因になっている、ということでは決して無いと思います。むしろ、僕や先程の天地さんの女の子が逃げていくケースのように、発達障害や精神障害の当事者は、圧倒的に虐げられたり傷つけられたりする方が多いわけです。統計的に見れば、犯罪者の中でもそういった診断がされた人の割合なんて、圧倒的少数のはずですよ。

天地　それは本当にそう思いますね。

大橋　我々もマスコミにいたから分かりますが、容疑者の経歴などを取材していくと、見出しになりそうなトピックを見つけ、そこを目立つように取り上げることはあります。そこを例えば指摘されたとしても、マスコミは「事実は事実だから」と言い訳できますから。

天地　確かにそうですね。例えばその容疑者の元の職業が少し特殊なものだったら、やたらそこを強調したりします。

大橋　それで話を戻しますが、「障害」という言葉のイメージの悪さは確かにあるかもしれません。それで昨今、行政などでは障害の「害」をひらがなで表記する流れがありました。ただ、NHKの表記は原則として「障害」で統一してありますね。

天地　そうなんですね。それは気づきませんでした。教育テレビでは福祉番組も多く放送していますが、「障害」表記なんですね。

大橋　最近の論議としてあるのが、障害の「害」とは当事者本人の「害」ではなく、「害」とは周りにある「壁」であり、無理解や差別など、物理的や精神的な「バリアフリー」ができていない状態の「害」だ、という意見ですね。ハンディキャップに対する偏見や気持ちが「障害」なのであって、当事者のことを指しているのではないから、周りの偏見を取り除いていく意味においても、漢字表記「障害」について障害者自身が堂々と声をあげていいのでは、というのが最近の主流ですね。

天地　「障がい」でも「障碍」でもなく？

大橋　そうです。周りの「害」の問題であって、我々の問題ではないから、それを認識させていくためにも、当事者は堂々と「障害者」を名乗ろう、というのが最近の流れです。ただ、僕自身は「障害」という言葉に対するイメージの悪さはやっぱりあるよね、というのが本音です。

天地　そうですね。私も「精神障害」という言葉の響きにはすごく抵抗感があります。

大橋　先日、あるＡＤＨＤの方の手記を見ていて思いましたが、その方はやっぱり「障害」と実感する、と書かれていました。現実としてその特性が理由で生活に困るから、と。友人や同僚とコミュニケーションが取れなかったり、仕事がうまくいかなかったりするから、やはり「障害」であり「個性」なんかで言い表せない。確かに「障害」は「個性」である、「個性」でないといった議論はありますね。

天地　「個性」と言ってしまうと、何か軽い感じはしてしまいますよ。

大橋　僕は全国の学校で講演する中で「障害は個性である」と言ってきた張本人なのですが、一つには使い方の問題もあると思います。「個性を発揮して頑張ろう」みたいな、それぞれの人が持っている、生来持っている秀でた力を「個性」と言うのであればそれを「障害」に置き換えるのは確かにおかしい。だけど「できないこと」も「できること」も、どちらもその人の大切な「個性」であるという風に考えれば、僕は「個性」と言い換えてもいいとは思います。

天地　自分の場合もミニコミ誌を作って、学者の方にも寄稿していただいていますが、「疾患」といった言葉で表記されることが多いです。「精神疾患」という。私は優しいイメージとして「障害」よりは「疾患」の方が良いイメージを持ちます。だからこの対談では、私の特性も「精神障害」ではなく「精神疾患」という表記にしています。

大橋　そこってとても大切だと思います。「障害」とは周りの問題、というのは分かるけど、自分の障害特性によって苦しんできた当事者からすると、必ずしも心地良いものではない。「大橋さんは障害者ですね」とか「大橋さんの障害って……」と言われた時に「障害者と呼ばれてうれしい！」とはならない。僕自身、受け入れているから抵抗はないけど、正直あまりうれしくはない。

天地　すごく共感できます。私も障害者手帳を取得する際にものすごい葛藤がありました。あ、私は「障害者」なんだって。

大橋　先程天地さんから「精神障害」を「精神疾患」と表記する方が相応しいのでは、という話がありましたが、発達障害も、専門家の間で呼び名が変わりました。「障害」という言葉の響きの問題と、アメリカ精神医学会の診断基準が変わったこともあって、先程も触れましたが、最近は「神経発達症」と呼ぶようになり、かつてアスペルガー症候群や高機能自閉症と呼ばれていたものは「自閉スペクトラム症」（ＡＳＤ）と統一して呼ばれるようになり、ＡＤＨＤも「注意欠陥多動性障害」から「注意欠如多動症」と変わり、学習障害（ＬＤ）は学習全般が苦手ではなく、計算や読み、書きなどその一部が苦手だったりするので、「限局性学習症」（ＳＬＤ）と呼ばれるようにもなりました。

天地　確かに「発達障害」より「神経発達症」の方が響きはいいですね。

大橋　この呼び名を一般的にしていく必要はありますね。ちなみに僕は障害者手帳をもらった時はうれしかったですよ。映画を千円で観られるし、自動車税も基本無償になるから（笑）。ちなみに障害者手帳は、慢性腎不全による身体障害者手帳の一種一級です。あと、手帳のカテゴリーだと、発達障害も精神障害の部類に入りますね。具体的に説明すると、発達障害「専用」の障害者手帳は日本では無くて、発達障害は「精神障害者保健福祉手帳」になります。取得には医師の診断が必要です。僕が取ろうと思えば取れるかもしれませんが、困っていた学生時代に比べると今は落ち着いているのと、身体の方の手帳もあるので取得する必要性はあまり感じていないかもしれません。三障害（身体、知的、精神）とはいいますが、発達障害は、知的や精神とはまた別という認識もあるものの、脳機能の特性ということであれば同じ領域かもです。ただ、カテゴリーについては、個人的にはあまりこだわらなくてもいいかも、と思います。

天地　心じゃなく脳の病気という。

大橋　発達障害は、多くの人が簡単にできることが苦手だったり、できても凄まじいエネルギーを費やさなきゃいけなかったりしますが、計算や書字、片付け、相互のコミュニケーションの苦手は優劣があっても誰にもある特性だし、精神障害にしても、そうなる因子や原因となる精神的なストレスなどの問題は誰もが抱えているわけですよね。そう考えると、誰にも「発達障害」や「精神障害」のリスクはあるわけです。それが脳の問題だとすると、本当に誰にとっても身近な問題だと思います。

天地　私も「精神障害」は脳に起因していると思いますし、決して特殊なことではないと実感します。

大橋　だからこそ、多くの方に関心を持ってもらい、お互いの多様性を認めてほしい、と思いますね。

二次障害のつらさと「リカバリー」の大切さ

天地　二次障害について話しましょう。私は、統合失調症から「そううつ」がひどくなってきました。でも自分が何の病気の作用が強いのか、その時その時で主治医に判断してほしいのですが、私自身上手に自分の内面を表現できず、いつも同じ薬が処方され、診断も同じことが多かったわけですよ。それが本当にその人に合った医療や治療法として正しいのか……。それが時には二次障害、三次障害につながっているのではないか、と思ってしまうのです。それでもいつも同じ薬を処方されるのです。診察での聞き取りの難しさを、元記者の立場から、また当事者の立場からも考えてしまいます。

大橋　僕から聞きたいのですが、天地さんの疾患の診断名は「統合失調感情障害」って言うじゃないですか？　統合失調症というのは、幻聴や幻覚、ひどい妄想が起きるのですよね？　日常生活や社会生活が困難になるわけですよね。それで一方の感情障害というのは、いわゆる「そううつ」なんですよね？

天地　そうです。ジェットコースターのように、いわゆる双極性ですね。気分が昇って、降りて、そして昇るという。

大橋　先程ずっとサンダル履いて長距離を歩いたエピソードなどを伺いましたが、昇っているとずっとハイテンションが続くから、それはそれでつらいでしょうね。あと、落ちたら落ちたでしんどいでしょうし。

天地　落ちた時は、死にたくなるとかですね。表現しづらいですが。

大橋　その二つの傾向が併発するというか、一緒に起きているということですよね。僕もそんな詳しくないけれど何冊か天地さんに興味があって本を読んだら、統合失調症が収まっている時には感情障害が出やすくなって、感情障害が収まっている時には統合失調症の症状が出やすくなる、と。どっちに転んでも大変ですよね。そうなるとまず出てきた統合失調症が一次障害ということになるわけですか？

天地　統合失調症の前に「心因反応」という診断を受けました。私の解釈では「心因反応」とは、心にドキッとするようなことが起きてショックを起こしてしまい、処理・反応しきれないという認識です。それで、一時的なので休めば治るとされているようです。その時にネットで調べていると「もうそれは『統合失調症』なんだよ」というような情報を目にするようになり、実際にやはり統合失調症になるわけです。そしてうつがひどくなり、貧乏神が見えてきました（笑）。貧乏神はおんぼろの服を着ていて実体化して見えていました。

大橋　本当に見えていたのですね。

天地　はい。そして、喫茶店にいても、他の客が話す「〇〇」とかいう声や話題も、自分の中で歪曲化されてしまい、具体名で自分のことを言われているような「声」として聞こえてきて、そこにいられなくなる。「うつ」が長いことに関しては統合失調症の範疇に入っていたのでしょうが、そのうちに「そう」が出てきて奇行が出始めてからは、診断が「統合失調感情障害」になりました。二〇〇〇年代に入ってからこの変遷を辿ってきた患者は多い、と入院中に医師から聞きました。

今でも、いわゆる統合失調症の症状的には「クライシス」というこの世の終わりのように思える出来事も襲ってきます。例えば、私は東日本大震災を自分がきっかけで起こしたと思ったわけですが（信じられませんよね？　でも災害の原因を自分のせいにするような精神障害者はいるんだ、と雑誌で本人談の記事を読んだことがあります）、東京で聞いたあの緊急地震速報の不快な音を、山口で訓練や実際の地震の時に聞いたり、テレビで聞いたりすると、もうどうしようもないパニックになりおろおろしたりもします。また、「実況中継妄想」というのもあって、自分の一挙手一投足を頭の中で実況中継して「ほら誰かが見て笑っているぞ」なんて思ったりしますね。それから、気分の高揚も急に起こり困ることもしばしばです。

大橋　「心因反応」から「統合失調症」「統合失調感情障害」という変遷は、時代性もあるのですかね。今はますます生きづらくなっている感じもしますし。そう考えると、統合失調症も感情障害も表裏一体みたいなところがあるわけですね。もともとのしんどさに比べて、そのしんどさが二乗三乗の掛け算になっていくわけですよね。

天地　そうですね。障害が一つ増え、また増えるという感じです。

大橋　今までしんどいと思わなかったところが、どんどんしんどく感じていって、その量と種類が増えていくっていうことですよね。しんどさの種類が増えていくというか、僕は計算障害だから何乗とかいう掛け算はよく分からないけど（笑）、苦しさがどんどん増えるってことでしょう?

天地　掛け算が難しければ、足し算でもいいですよ（笑）。

大橋　ここで天地さんに聞きたいのですが、周りにいる親しい人が、例えば「統合失調症」的な症状になった時、例えば、妄想や幻覚が見える、と言われた時、先程「見えないよね」などと言わない方が良い、とのことでしたが、ではどう具体的に接すれば良いと思いますか?

天地　そうですね……。家族会や学生さんからも同様の質問をよくいただきます。私自身のあくまでの感覚ですけど、その時、当事者は不安ですから、言葉として何が適切か、の具体例は正直難しいです。ケースにもよりますし。私が出会った心理職の方は、当事者の言葉や訴えを聞いて「うんうん」と寄り添ってあげたり、「○○なんですね」など、当事者の言葉をよくオウム返しされました。これは肯定も否定もしない例ですね。一般的にカウンセリングというと「こうすればいい」と言われることを期待しがちですが、対話を重ねて「自分はこうしていけばいいのではないか」と気づきを与えてくれるのが本来のカウンセリングです。だから肯定も否定もせずに寄り添ってくれることがとても大事だと思います。

大橋　肯定も否定もせず、寄り添って聞く、ということは大切かもしれませんね。

天地　心理的に強者とも言える私の母も、発病当初はどうしていいか分からず、オロオロするだけでした。次第に私の方から不安を言うだけじゃなく「足や頭をもんでほしい」など、こうされたらうれしい、こうしたら私が安らぐよ、ということを甘えるようになると、理解もしてくれるようになりました。

大橋　身近な親でもそうなのだから大変ですよね。

天地　支援する側が「私には聞こえない」「見えない」と言う・思うのも当然すぎるほど当然ではありますが、当事者の脳の機能として、実際に「見える」「聞こえる」なので、まずは寄り添ってほしいですね。それを否定されると……。大橋さんはどう思われますか？　実際には見えてるし、聞こえているわけだから、そういう感じで考えたら、「否定」は何の役にも立たないかもです。その人を大切に思うなら、傾聴し、スキンシップを図って、ただただ落ち着くまで、言葉を発するまでじっと横にいてあげること、そして支援者の可能な範囲でその人のためにできるヘルプを見つけることが大切ですね。

大橋　他者からの否定がしんどい、は僕も経験があるので分かります。人って、自分の許容範囲を越えるものに対しては、すぐ否定してしまいますものね。

天地　もしかしたら、その人は落ち着くために缶コーヒーが必要かもしれないし、誰かに胸の内を聞いてもらいたいかもしれない。そこは百人百様だと感じます。行政や支援・相談機関や病院に連携をとることはもちろん必要ですが、結構、家庭内でも日常でできることもあるもんだ、とは自分が患者をしていて思うところです。「察して」もらえたら、助かるというのもあるでしょうし、ご家族や友人の力って本当に医療や福祉制度とは違う、ものすごくその当事者のパワーになることが満載であるのは覚えておいてほしいですね。

大橋　僕も家族や友人の励ましで今こうして過ごせていますから、そこはとても共感しますね。

天地　周囲の方は、なるべく慌てず騒がずであってほしいこと、そして当事者に大きく関わることについては、専門家に相談することが必要なのかもしれません。また支援者にも人生がありますから、そこも大事にしなければなりません。

大橋　しっかり寄り添ってあげることが大切で、専門的な関わりとなると、専門家につなげることは大切ですよね。僕も過去、個人的な相談に乗っていて、少し専門的な分野まで深く立ち入りすぎてしまい、関係性が破綻してしまった苦い経験があります。

天地　「見える」「聞こえる」の因果関係が掴めたら、周囲の人とのコミュニケーションはかなり進展しますよね。健常者に理解できるとするなら、その因果関係がはっきりしたタイミングなのでしょうね。この人はこういうシチュエーションではこういうように変化しやすい、とかが理解できると、トラブルなどは事前に避けられるようになるということです。私は、東京から山口まで、新幹線はグリーン車の一番後ろに座らないと「周りが気になって、生きている心地がしない」という感じになってしまい、通常の席では移動もできない、というものすごく贅沢なリクエストを母親にして、一緒に行動していましたが、あれは当時、自分の稼いだ金だったため対処できたとも思います。いずれにしても、「そうなんだ」と理解し、受け入れてもらわないと良い関係性は築けないですね。

大橋　なるほど。では「そう」の時はどうなんでしょうか。友人や家族がサンダルのまま「これから歩いて大分県に行く」と言い出したらどうしたら良いですかね？

天地　「そう」って、他人の言うことや、当事者・支援者の言葉が、全く耳や心に響かず、とにかくハイテンションな状態になってしまうものなのです。突き抜けてしまうので、突き抜け切って、しぼむまではどうしようもありません。

大橋　じゃあ、突き抜けてしぼむまで、ハラハラしていても見守るしかないですね。

天地　初期に関しては私がこうしておけばよかったと言えることは、残念ながら分かりません。すみません。ただ、これは個人的な感覚ですが、次第に、一つずつ、自分で自分を「それだけはやめよう」とか「ここのこれはやめて、これをしよう」と考えを改めてくるものだと思います。

経験上で言うのですが、私の場合は大体十年くらいの間「うつ」の後に「そう」になることが続いています。ケースが溜まっていますから、ノートに書いて自己分析したら、それで少しずつ改善してきました。ですが、十年経ち、ようやく今になって、状況が少しだけ改善した程度なのです。まだまだ喋ると止まらないですし、思考が止まらない、という状態は続いています。

大橋　そこは天地さんと付き合っていて、現在進行形で感じますね。気になりだすと、夜中でもずっとLINEやメールが来ますし(笑)。喋ると止まらない、思考が常にフル回転、というのはADHDも共通しているところがあり、私もその傾向が強いので、その苦しさは拝察します。

天地　ただ、水分の摂りすぎで太りすぎてしまい、コロナ禍によって行動が鈍ったのが皮肉ながら唯一の改善点なのかもしれません。私は入院後から、診断名が統合失調感情障害の「そう型」と診断されています。とにかく飛び抜けて、頭の中でシナリオを作り上げます。「これはこうなってこうなるはずだからこうしたら……」とか。そういう時は、野放しにしてしまうと、確かに私が支援者の立場なら怖いです。うちの親も、ものすごく不安だったと聞いています。「そう」が強い時は、自制が効かないので、「大分までサンダルで歩いてくる!」なんて誰にも言わないで出かけるのです。これは、ある程度自分を自分で試していますね。後先考えずに、片道切符を持って、人生を真っ裸で勝負しにいく状態でした。私の場合、当時は命を天に差し出す覚悟まであったと思います。この頃、北海道まで歩いて行こうと家を飛び出したこともあったのですが、島根県境で午後十一時に警察に保護されて、「ああ、そうなんだ。助かったんだ。親が来てくれるんだ」と思ったし、大分の別府市でもタクシーが来なかったら完全に倒れていました。私の場合、運がよかったですね、命を取られなかったから。これは、「このままではヤバい」「いつか死んでしまう」など、自分のその後の自制につながりました。まだまだ戦っている状態なので、なかなかアドバイスにならずにすみません。

大橋　いえいえ、当事者だからこそ言える本音であり、貴重なお話だったと思います。例え周囲が「失敗」とか「おかしな行動」と思うような行動であったとしても、その体験や経験値が現在の自制や成長につながっているなら、それはある意味必然というか、通るべき「道」のようなものだったかもですね。では「うつ」状態の場合はどうですか?

天地　「そう」になる前の十年の多くは「社会のお荷物」という無力感からの「うつ」でした。これも究極的には「死にたい」としか思えずに、困ったものです。でも「死にたい」の多くは、本当に息の根が止まることでなく、「その場から逃げたい」「置かれている苦境から抜け出したい」と翻訳できる場合もありますね。これは自分の肌感覚です。ですので、もし環境が変わることで何か光明が見えると判断されたら、ご本人に確認されてみてはいかがでしょう？ 学校なら学校を変わる、辞める。会社なら辞める、転職する、休む。難しいでしょうが、休むなら徹底的に休む。私は「息をしていればいいよ」とよく言われました。いろんなパターンがあると思います。家事を担当している夫婦であれば、木曜日と日曜日は食事を作らないとか。家族の場合、疾患になっても、ピンチをチャンスにできる、絆が深まる場合もあるかと思います。現代は、みんな健常者も含めて生きづらい世の中かもしれません。家族の誰かが障害を持つ、友人が障害を持つ可能性は誰でもあると思います。それって大変なことではありますが、もしかしたらそれで家族の絆が深まるなど、何かが動く、変わり出すということがあるかもしれません。

大人になっても影響した「いじめ」の後遺症

天地　発達障害の方の場合も、本来の障害特性よりは、様々な人間関係によって二次障害になる、ということは多いわけですよね。

大橋　そうですね。まず、発達障害の一次障害についてお話しします。発達障害の場合も、先程天地さんが言われたように、百人百様で、みんなケースが違います。なのでこれはあくまで一般論ですが、「自閉症スペクトラム症」（ＡＳＤ）であれば、こだわりが強くて自分のことばかり喋ってしまう、推量が苦手で相手の意図が分かりづらいからコミュニケーションにトラブルが起きやすい。「注意欠如多動症」（ＡＤＨＤ）なら片付けや整理整頓が苦手、約束を忘れがち、忘れ物が多い、不注意によるトラブルが多い。「限局性学習症」（ＳＬＤ）なら一般的な学習の理解力はあるのに、読み書き、計算のどれかが苦手で簡単な数字や短文の書き写しが苦手、漢字の認識が難しい……とかですかね。

天地　では発達障害の二次障害というと、どんなものがあるのですか？

大橋　そうですね。発達障害の当事者の多くは、日常生活は送れるのだけれど、社会生活を営む時、例えば学校や会社において、集団の中で横並びに同じことを同じスピードでこなせなかったり、周りの人があまりしないような失敗をしてしまったりするわけです。そうなると、いじめや仲間はずれにされる、家庭内でも理解されず孤独になる、などのケースが非常に多い。それで心因的なストレスが高まって、うつを発症する、引きこもりになるなどの場合が多いわけです。それが二次障害と言っていいと思います。

天地　なるほど。そこから精神疾患につながるケースも多いわけですね。やはり共通点が多いですね。ところで大橋さんの二次障害について語ってもらっても構いませんか?

大橋　やはり学齢期のいじめですかね。どんないじめを受けたかは先程言いましたが、いじめのトラウマには長年苦しみました。「いじめ」自体も二次障害かもしれませんが、大人になっても「いじめ」のフラッシュバックにはかなり苦しめられました。

天地　私も記者時代のつらい記憶が思わずよみがえった「フラッシュバック」の経験はありますが、「フラッシュバック」をネットで調べてみると「強いトラウマ体験(心的外傷)を受けた場合に、後になってその記憶が、突然かつ非常に鮮明に思い出されたり、同様に夢に見たりする現象」とありました。大橋さんの場合は具体的にどのような現象だったのですか?

大橋　これは僕の実感なのですが、「フラッシュバック」とは「思い出す」という表現はちょっと適切ではないと思うんですよね。個人的な感想かもしれませんが。

天地　というと?

大橋　経験で言うと「フラッシュバック」は記憶でなく感情がよみがえることだと思いました。僕の経験を話すと、記者になってしばらく、二十代の中頃、それまであまり人に褒められたことがなかったのに、上司から評価もされて、大手新聞社から身分照会、すなわちスカウトもされて絶頂期にあった時、突然その「フラッシュバック」が襲ってきました。

天地　具体的にはどう襲ってきたのですか?

大橋　ある幼稚園の取材に行ったら、突然園児の声を聞いてフリーズしました。つまり動けなくなりました。それで、その原因がどうしても分かりませんでした。

天地　原因が分からないのは怖いしつらいですね。

大橋　そうですね。得も知れぬ恐怖心を覚えて、脂汗が出てきました。その半年後に小学校の取材に行ったら、やっぱり昼休みかなんかで一斉に児童が大きな声で「わーっ」と廊下を出てきた瞬間に過呼吸になり、気を失いました。一瞬でしたが、周囲にすごく心配されて、すぐに意識は戻ったのですが、その時に、小学校の教室と子どもの「わーっ」っていう感じで「ああ！」と気づきました。

天地　「いじめ」が原因と気づいたのですね。

大橋　そうです。一回目はいじめられた記憶がよみがえったわけではない。要は子どもの「声」に脳と体が反応して、それに対して防御しようとしたのでしょう。子どもの声が心を傷つけてきた、と脳が判断して防御したのでは、と推測します、恐らくですが。小学生当時、殴られたり蹴られたりしていたので、より防御力が鮮明になって、気を失ったのだと思います。帰宅してから記憶が鮮明によみがえりました。小学四年生の時、給食の時間にスープが入った熱い食器を、手の甲に焼き印のように押さえ付けられました。僕が泣き叫んでいる中、同じ教室の他の人は、僕がいてそんなことされていることがまるで空気のように、楽しく給食を食べていました。多分それですね。

天地　それは壮絶ですね。

大橋　その当時は極力小学校や幼稚園、保育園の取材に行くのをやめたというか、行ってもあまり長時間取材しないように努力もしました。ただ一番苦しかったのは、結婚して子どもができた時に、自分の子どもなのに「パパ、パパ」と懐いてくる子どもの「声」に耐えられなくて……。自分に懐いてくる子どもに虐待したい気持ちと戦っていました。上から落としたいとか、首を絞めたいとか傷つけたいとか……。そういう欲求が毎日膨らんでいくのですよ。「愛する」という気持ちや感情がよく分からず本当に苦しみました。

天地　そうですか。それはつらいですね。そうすると、大橋さんも精神的な疾患というか、心の苦しみと戦っていたわけですね。私も実は同じような経験があります。

大橋　そうなんですか。それは初耳です。

天地　会社在職時、発病してから十年間、私は心配して駆けつけてくれた母親と東京の狭い部屋で二人きりで過ごしていましたが、散歩にいった時とかに普段の怒りの持って行きようがなかったから、橋の上で母親に対して「ここで背中を押してみたら……」とか、殺したくないし、いてもらわないと生きていけないのに「殺してしまいそう」とか、すごく変なことを考えてしまい、あとで告白して謝っていました。大橋さんのケースもそれに近いかな？　一番信頼できる人だからこそ、逆にそう思ってしまう、みたいな。

大橋　二人のそういうところは、専門の心理学者に監修してもらわないといけないですね。僕だったらいじめのトラウマだし、天地さんだったら精神疾患による心の歪みのようなものでしょうか。自分の一番の味方だからこそ、心を許しているが故に敵意を向けてしまう、ということかもしれないですね。

天地　逆に絶対的に信頼できるから、とは考えますね。

大橋　先程、発達障害や精神障害が直接犯罪には結びつかない、と言いましたが、確かに一次障害が犯罪の原因になることは絶対にないけれども、現代社会において、様々なトラブルやストレスなどがそれこそ障害の有無に関係なく人々の心的外傷となって「二次障害」につながり、身近な存在を傷つける、はあるかもしれません。子どもへの虐待などもそうかもしれませんね。

天地　私も大橋さんも、踏みとどまったけれども、その可能性はあったわけですよね。

大橋　それで言うと、僕は持って行き場のない気持ちを解決するために、自傷行為を繰り返しました。僕は現実に自分の子どもを傷つけられなかった。そこのギリギリのラインはあったので、もう自分を傷つけるしか方法はなかったです。ナイフで腕を軽く切ったり、自分で自分を歯が折れるほど殴ったり……。でもそれを一回子どもの前で思わずやっちゃったことがありました。我慢できなくて。すると、おびえるんですよ、子どもが。自分の子どもにトラウマを覚えさせているのではないか、という心配はずっとありました。これが二次障害なのかは分からないけど、自分自身が発達障害という特性を持っていること、いじめを受けていたことなどを考えると、これも二次障害だと思います。その子はもう高校生になっていますが、今はその感情も無くなって、自傷行為も無く、子どもたちとも良い関係を築けています。

天地　どうやって収まったのですか？

大橋　うーん。時折今も負のストレスに襲われることはあるので、根本的な解決はしていないと思いますが、一つには家族の存在ですね。僕の暴力的な行動が子どもに向かおうとした時、妻が僕を抱きしめたんですよ。彼女が泣きながら「あなたが必死にお父さんを演じて苦しんでいることを私は気づいていました。その姿を見ることが私も苦しかった。あなたの苦しさを分かち合いたい。だから一緒に苦しみましょう」と言ってくれて。僕もわんわん泣きながら感謝しました。その時、僕の心の中の黒い塊がすっと溶けていくような感覚を味わったんです。そして、その瞬間、ある記憶と「感覚」がよみがえりました。それは小学五年生の時、河川敷で同級生に蹴られて家に帰ると、母親が庭で洗濯物を干していて、それをじっと見ていたら、母が「どうしたの？」と聞くから、僕は「母ちゃん、僕はバカなの？」と尋ねると、「いいや、広ちゃんはバカじゃないよ！」とぎゅっと抱きしめられたのです。その時も、黒い塊が溶けていく感情だったのが、それこそ「フラッシュバック」のようによみがえって、それで楽になって、段々とですが、子どもに対する負の感情が薄れていきました。

天地　母親の愛情って深いですよね。私も先程言いましたように、母への殺意を告白して謝りましたが、母は許してくれましたから。私は、今は気持ちがべったり寄り添ってます（笑）。自由律俳句で、「ふかふかの布団お母さんの中みたい」「母の枕嗅ぐ」と超マザコン！

大橋　今こうやって、天地さんとこういう話をしながら、お互いの感情のコミュニケーションを交わしていることもそうですが、人と人が分かりあえる瞬間というのは苦しい気持ちを和らげてくれますね。人は、人によってしか傷つかないけれど、結局人によってしか救われないんだな、と思いましたね。

天地　先程、「リカバリー」のところで言いましたが、友人や家族の存在は本当に大きい。大橋さんの「結局人によってしか救われない」という言葉に強い共感を持ちます。「人薬」って言いますもんね。

大橋　市販の薬や赤チンより効きますよ（笑）。赤チンはもうないか。僕は感情のコントロールを抑える発達障害の薬は飲んでいませんが、妻からもらった移植腎臓を守るための免疫抑制剤は大量に飲んでいます。

天地　精神疾患の場合、薬は飲まないといけないですね。習慣もありますが、飲まないときついのが正直なところです。薬は忘れていて飲み忘れもあります。たまに、水分摂取がとまらず、連続して五リットル以上飲んで、気持ちがわっさわっさしてきます。そんな時は、頓服を飲んでスマホ、パソコン、テレビなどから遠ざかり、できれば母にマッサージしてもらって数時間寝ます。そういう時の頓服はとても効きます。体が麻酔にかかったように「膜」に覆われた感じで少しビリビリして、体の凝りがほぐれていって眠気が来ます。そしてぽわーんとした気持ちになります。これはたまにとても助かる感覚になってきてます。緊張が激しい時には特に。それから朝昼晩の薬は常態化していて、いまいち効きが分かりません。「そう」にも「うつ」にもなるし、声が聞こえることもあれば、現実の話声や目に見えるものもなんだか現実社会とは違うと感じることもありますから。でも飲まないと程度がひどくなるのかもしれませんね。ごく稀ですが、自然と積極的にふれあうことでの回復を目指す薬不要論を唱える支援者とも出会いますが、その方の意見も言っていることはうなずける部分も少しはありますが、私は飲まないとだめです。

しんどくても「居場所」があることの大切さ

天地　さて、ここでは生きづらさや障害特性を持ちながら、いかに楽しく今生きているかについて話を進めましょう。私は経済活動ができていないので偉そうなことは言えません。服薬、睡眠、食事をしながら、正直運動はしていないですが（笑）、障害年金を受給していることもあって、それほど負担がない生活をしていることから、社会に何か貢献したい！　自分の経験やスキルをいいことに使いたい、ということで、この対談でもこれまで何度か触れてきましたが、統合失調症のことをよく知ってもらおうと、二〇二〇年一月からミニコミ誌「みんつど」（みんな集おうの略）を発行してきました。A４の四ページ（27号と28号は八ページ）で、イラストや写真、特集や小説などを載せて、全国の大学の教員や看護師、職業支援センター、保健師、精神保健福祉士や当事者（家族）などに読んでもらう活動をしています。（山口県立大学名誉教授の安渓遊地先生のブログ（https://ankei.jp/yuji）にてサイト内検索「みんつど」で出てきます）

大橋　先日、28号まで出されたところでひと段落されましたよね。コツコツ続けられて、凄いと思いますし、偉業だと思います。

天地　やりがいはありました。現役保健師さんから当事者への質問と回答や、精神保健福祉士をめざす学生さんから当事者への質問と回答というのを特集したりして反響をいただきました。特に収入にはなりませんが、こちらから了解を得て広告も掲載しています。新聞社時代に一面から終面まで紙面制作した経験を基に作成しています。「魅せる福祉の誌面」として無料でウェブ公開しています。社会還元で満足感を得ている、これが自分の特性を生かしながらできることということです。自己満足ですが……。

大橋　いやいや、たいしたものです。「みんつど」の発行が、天地さんを温かく見守り、支援されてきた安渓先生との出会いにもつながりましたし、「みんつど」がきっかけとなって、いくつかの大学で「こころてれび」の上映や『わたしは山頭火⁉』や「みんつど」の紹介や講演もされるなど、天地さんの新しいステージにつながっていると思います。

天地　ありがたいです。もともとは、大橋さんと初めて出会った時、あの頃は悶々としていた頃ですが、大橋さんから「天地さんは整理部も記者も経験しているのだから、自分の経験や素直な想いを新聞形式にしてみたら」と言われたことがきっかけです。あの言葉がなかったら、今の私はありません。なので、大橋さんには感謝しています。
大橋　きっかけはそうだったかもですが、意思がないと続きませんから。僕には真似できません。同じ統合失調症の当事者や家族をはじめ、多くの方の希望になったと思いますよ。
天地　ありがとうございます。
大橋　多くの精神疾患、発達障害の当事者にとって、社会性と経済性というのは大人になってからは大きな問題になっていると思います。例えば精神疾患の方は人の中に入って、社会の中で一定の仕事やコミュニ

天地編集「みんつど」第１号（右）と、総集編の冊子（左）

ケーションを取りながら仕事をこなすことは大変でしょう？

天地　そうですね。だから私は前著『わたしは山頭火!?』を出版社である株式会社くるとんさんから出版しましたが、そこの社長さんには大変な迷惑をかけているわけです。真夜中に何度も不安なことやら何やらＬＩＮＥするもんですから……。

大橋　まあ、僕にも天地さんのＬＩＮＥは毎日来るけど（笑）。まあ、社会への適応力の難しさという点では、発達障害の当事者も多くが当てはまると思います。ＡＤＨＤやＡＳＤの方とかは、なかなか社会の中で適応力が低いというか……。

元新聞記者の告白
統合失調症・闘病記
わたしは
山頭火!?
いつ自分か家族が
心を病んで
ダウンするかもしれない!!
これは、そんな不安を抱える私たちへの
強力なサバイバルガイドだ ―「出版によせて」より
山口県立大学名誉教授 安渓遊地
定価1,000円＋税
周南市在住
天地《てんち》 成行《なりゆき》
天地成行著『わたしは山頭火!?』（くるとん刊）

天地　私の場合は、何か、今知っておいてほしいとか、かまってちゃんなのか、今しか投げられないボールを受け止めてほしい、という感覚です。悪い癖かなとは思いますね。

大橋　相手の迷惑をなかなか考えられないということですかね。

天地　「そう」の状態でもあるかと思います。

大橋　それは、いわゆるＡＳＤ、自閉スペクトラム症の方でもあることだと思います。人との距離感がつかめない、相手の気持ちや思いが汲み取りにくい方が多いと言われているので。自分が何かを発しても、相手がどう思うか、それに対して自分がどうなるのかについて気持ちが及ばない。一方的に自分のことを話してしまい、感情を相手に押し付けてしまってトラブルを起きやすくしてしまうケースも多かったりします。例え話や推量が苦手だったりするので、笑い話のようですが、「つまらないものですがお納めください」と言われると「どうしてつまらないものをくれるの?」と思ったり、「まっすぐ来て」と言われたから「壁を越えて来た」とか。これはＡＤＨＤの方もそうですが、多くの発達障害の当事者は社会適応に苦労し、悩んでいますね。それでいくと、就労していなくても、自分のスキルを活かして生活をされている天地さんは障害特性を持っている当事者の生き方として理想的で、一つのモデルという感じがします。

天地　それはどういうところでそう思うのですか?

大橋　一つの生き方として、社会的制度である障害年金を使っていることなんかそうですよね。例えば制度やサポートを受けることに対して、躊躇してはいけないと僕は思っていて、金額が高いか低いかは別として、それだけで生活できる人、できない人というのはあるのかもしれないけれど、受けられる制度やサポートは受けるべきだと思います。社会的な問題は置いておいて、必ずしも「働く」ということにこだわり過ぎないというか……。どうしてもある程度の年代になると、働いていないということに妙に焦ってしまい、社会的な落伍者であるという自覚を強く持ちすぎて病状が悪化するようなことがあっては絶対にダメだと思います。本人だけの問題ではないと思います、これは。やっぱり家族とか社会がその状態になることを認めてくれないと……。

天地　私の場合は、社会に出てからの発病ということで、発病前の年に半分近くカプセルホテルに泊まったり、飲みニケーションが激しかったり、労組活動や本の翻訳やその他好きでやっていたシャドーワークや彼女との同棲など激務と日常が破天荒だったことなどから、母からは「あなたは人の三倍働いたからもう働かなくていい」と言われました。現在は両親も健在なので何とか生活はできていますが、両親とも八十代と高齢なので、そろそろ何か手を打たないといけないのでは、とは感じています。けれど、経済的な活動は在宅でもできるような資料集めなどくらいしかできていません。働くことは難しく、やりたいことができている充足感は正直まだまだです。

大橋　そうなのですね。ですが、僕が見ていても、天地さんの「うつ」と「そう」の繰り返しを理解することはできるけれども、その中でも現在の状態は、発病して約二十年の間で比較的安定しているのではないですか？

天地　前の項でも触れましたが、大橋さんがディレクターをされている地元ケーブルテレビの福祉番組「こころてれび」に出演したことと、本の出版がかなり大きかったですね。先程も言ったようにまだまだトンネルの中ではありますが、一時期よりは良くなってきていることは間違いないと思います。

大橋　陳腐な言い方かもしれませんが、「居場所」があるかどうかなんですよね。自分の心が落ち着ける場所、身につけたスキルを使っての居場所があるかどうか、自分が心地よく社会とつながれる場所があるかどうか。誰かに褒められたり評価されたり、というようなものを持っているかどうかだと思います。天地さんが以前、それこそ「こころてれび」の番組内で仰っていた「無理をせず、自分ができる範囲」でできているかどうか、が大切だと思います。

天地　正直、できないことはできませんしね。「みんつど」を発行している時も、決して無理はしませんでした。無理をすると続きませんから。

大橋　そこは大切ですよね。無理せず、コツコツと続けてきたことは凄いですよ。天地さんの生き様が電波を通して視聴者に届いたり番組になったりとか、ご自身が書いた本が実際に書店に並べられて、多くの人が購入して評価される。この「評価される」ということが大切で、自分の発信したことが認められてそれが身内から一般に輪が少しでも広がっていくと、経済的な焦りや「働かなきゃならない」とかいう思いはあったとしても、評価されることで少しでも気楽になる、という部分ではよかったんじゃないか、と思います。

天地　でも、まだまだ苦しいですよ。基本、引きこもりですからね。大橋さんにはいつも家まで来ていただいていますが、水も二十リットルくらい飲むこともあって、なかなか外へ出られなかったです。精神科医に「このままだと体内塩分が少ないから入院だよ」と言われ、かなり少なくはなりましたが……。だから月に数回、当事者会があっても顔を出せない時は今もあります。車の免許を薬の副作用で返納したのも大きいですが……。

大橋　そうなんですね。今も生きづらいのですね。

天地　生きづらいです。何とか、という感じですよ。正直、治るものでもありませんし。

大橋　なかなか外に出られない、というのはつらいですよね。ただ、僕は時代性があると思っていて、つまりインターネットですが、昔は肉体が出かけていかなければならなかったけれど、常にいろいろな場所に行くことはしんどいじゃあないですか。僕も明るいところが苦手だったりして、場所によっては出かけることに勇気が必要なことはよくあります。ですが、今はリモートもバーチャル空間もあるから、インターネットは家にいながら様々な場所につながれる、という良さがある。引きこもっていても、ネット展開で可能性が広がることはあるかと思います。

天地　それは確かにそうかもですね。私もネットに関してはいろいろと調べたり実際にやろうともしましたが、なかなか難しかったり、収入にはつながりませんね。

大橋　確かに、難しさはあるかもしれませんね。

天地　ミニコミ誌も収益化することを考えていましたが、やりがいを選んで無料配信にしていました。もっともどうやって有料化したらいいかシステムすら知りませんし。安渓先生のウェブに間借りさせてもらえているだけでラッキーです。

大橋　天地さんは焦りがあるかもですが、障害年金があってご両親が健在ということで、自分がそれほどプレッシャーを感じずに周囲の理解があるならいいと思いますよ。

天地　でも両親が八十代だといろいろ考えますね。

大橋　現実を見るとそう思うかもしれませんね。でも天地さんはご両親の理解の中で、一歩ずつ進めている、という感じがします。

天地　うちでいうと、うまく諦めているんですよ。なるようになると。ただ母親は私のことを毎日神様に祈ってくれています。

大橋　「うまく諦める」とは凄い言葉です。なかなか言えませんよ。前に天地さんが、「今もつらいし働けない。無理もできない。だけど今できることを無理なくやることで一歩前進した」と言われていて。これは多くの当事者の方に響く言葉だと思いました。

天地　ありがとうございます。

大橋　天地さんは先程基本引きこもりと言われましたが、最近は講演に出かけたり、他の当事者の方の相談に乗られたり、とその「一歩」の重みを感じます。そして、これも天地さんが長い時間をかけて自身の障害特性も新聞記者として身につけたスキルも、素直に「受容」してきたからだと思います。ですが、繰り返しになりますが、自分の障害特性、しんどい部分を認めること、いわゆる「受容」ができるまでの葛藤や苦労は大変です。

天地　そうですねえ。確かに自分自身の疾患と向き合えるようになるまでは、私もいろいろなことしましたからね。まず書籍なんか、何冊買って読んだか分かりません。また、手のひらに機械の光を当ててそれから人間関係を読む（一回二万円！）とか、眠らなかった催眠療法（一時間数千円）とか、怪しいものを含めていろいろ試していきました。

大橋　先程の障害の表現の話にもつながるけれど、そこにひっかかる親って多いですね。「うちの子がまさか、障害者じゃあないでしょう？」とか。気持ちは痛いほど分かりますし、葛藤や苦しみを経ることは仕方ないですが、人はみんな何がしかの特性はあるのだから、自分の子どもがそうだからといって、人生終わったみたいなショックを受けたとしても、そこから学びや出会いによって、希望へと転換してほしい、と切に願います。

コラム③ 発達障害最新事情

発達障害の種類

「発達障害」とは、簡単に言うと、脳の働きの「違い」であり、それは人類全員に備わっているものであって、「障害」と表記してしまうことで様々な誤解も生まれている現状がある、と僕は思っています。

発達障害によって起こる特性は人それぞれですが、代表的な「種類」として、一般的な説明をすると、こだわりが強くて自分のことばかり喋ってしまう、推量が苦手なため相手の意図が分かりづらく、相互のコミュニケーションが取りづらい……などの「自閉スペクトラム症」（ASD）▽片付けや整理整頓が苦手、約束を忘れがち、忘れ物が多い、不注意によるトラブルが多い、などの「注意欠如多動症」（ADHD）▽一般的な学習の理解力はあるのに、読み書き、計算などのどれかが苦手で、簡単な数字や短文の書き写しが苦手、漢字の認識が難しい……などの「限局性学習症」（SLD）が挙げられます。

また、勝手に身体が動いたり、音声が出てしまう……などのトゥレット症や一般的に「どもる」と言われる、言葉を話そうとすると繰り返してしまったり、引き延ばしたり、間が空いてしまう……などの吃音症も、発達障害の一つとされています。

実は人類全員が発達障害？

発達障害は、最初に説明したように、脳の働きに原因があるため、決して「本人の努力が足りない」とか「親のしつけに問題がある」というものではありません。この二つは僕もよく教師や周囲の大人から何度も何度も何度も何度も（×何百回）言われ、そのたびに努力してきましたが、どうにもならない現実に直面し、何度も絶望感を味わってきました。

対談の本文でも触れていますが、この「種類」の概念も、研究が進んで変わってきました。自閉スペクトラム症（ＡＳＤ）は、かつてアスペルガー症候群や高機能自閉症と呼んでいたものを、現実の「症状」としてはあまり変わらないため、連続体という意味の「スペクトラム」という言葉を用いた「自閉スペクトラム症」と総称するようになりました。

注意欠如多動症（ＡＤＨＤ）についても、「注意欠陥多動性障害」が一般的でしたが、「人を欠陥呼ばわりするのは如何なものか」という議論もあって、呼び名が変わってきました。「限局性学習症」（ＳＬＤ）も「学習障害」と言われていましたが、「学習全般が苦手」という誤解も受けやすく、現在は「限局性学習症」という呼び名が広まりつつあります。

「発達障害」という言い方も、最近は専門家の間では「神経発達症」と言われるようになってきました。

さて、こうした発達障害の「特性」は、実は人類なら誰にも備わっているものでもあります。例えば人とのコミュニケーションにおいて、思い違いやすれ違いによる相違がこれまで全くなかった、という人や、忘れ物や約束に遅れることは一切無く、整理整頓は完璧である、または読み書き計算は完璧、という人は余程の天才的な人は除いて、恐らく誰もいないでしょう。

つまりは誰しも「脳」には凸凹があり、できることもあればできないこともあります。その凹の部分が、その当事者が日々暮らしている家庭や学校、会社などの日常生活において、支障が出てしまう状態になってしまうと、その当事者は「発達障害」がある、とされてきたのです。

僕がかつて専門家の方に「発達障害と診断する基準は何か？」と質問した時、その方は「日常生活において支障があるかどうか」と答えられました。

本人が努力しても、コミュニケーションの力が乏しかったり、ルーティンを守れなかったり、読み書きや計算においてのミスが多かったり……こうした場合、周囲が協力や支援もせず、本人を責めるようなことがあっては、やはりこれは「障害」となってしまいます。

人には誰にも得意なことがあれば、苦手なこともあるものです。周囲が「発達障害」のことを正しく知り、適切な理解のもと、適切な支援と配慮をすれば、当事者の方々も自分の良いところをしっかりと伸ばし、社会で自分の特性を発揮しながら活躍できる、と僕は自分自身の経験に照らして確信しています。

政府広報オンラインの「発達障害って何だろう?」という動画に「一人ひとりの特性に応じた理解や支援によりその『違い』は『障害』ではなく『個性』へと変化していきます」という説明がありますが、その通りだと思います。

発達障害の子どもは増えている?

二〇二二年十二月、文部科学省は、通常の学級に在籍している小・中学生のうち、八・八%に学習や行動に困難のある「発達障害」の可能性がある、という調査結果を発表しました。

十年前の二〇一二年度調査では、六・五%でしたから、二・三ポイント増えたことになります。この調査は二〇〇二年から十年ごとに行っていて、今回が三回目となり、公立の小・中学生と高校生八万八千五百人を抽出し、学習や対人関係で困難を抱える子どもの数を集計したものです。

調査方法は医学的な判断基準を参考にした質問項目に担任の先生らが答え、回答率は八四・六％（約七万四千九百人）だったそうです。

細かく見ていくと、「知的な発達の遅れはないものの、学習や対人関係で著しい困難」を示す子どもたちは、小学生は一〇・四％、中学生は五・六％、高校生は二・二％でした。高校生については初めての調査だったそうです。

この割合だと、全国の小中学校で約八十万人、一クラスに三人はいる計算になります。前回調査では学級当たり約二人、ということでしたので、単純に言うと「増えている」という結果となりました。

では、これは「発達障害を抱えている子どもが増えている」と言えるのでしょうか？ 当事者である僕の個人的意見としては、それは「NO」です。

まずこの調査は担任の先生への調査であり、先生の「意識」や「実感」が十年前に比べて高まったに過ぎない、と思っています。文部科学省の担当者も、今回の増加の要因について「保護者や教員の発達障害への理解が進み、対象者に気づきやすくなった」とコメントしています。

学校現場の課題と今後

最近は僕も学校やＰＴＡからの依頼で講演することが年々増えていて、学校現場や保護者の間で発達障害に関する関心や知識が増していることは実感しています。つまりは、もともと一定数いた集団の中の「困り感のある子どもたち」への意識が高まり、親が先生たちに相談するケースも増えていることが、今回の調査結果に繋がった、と思われます。

ただ、学校現場での講演活動を長年やってきて、県や市単位でもＰＴＡ活動に取り組んできた僕の実感としては、八・八％という数字に関して言うと、集団生活や学習面において困り感を感じている児童・生徒はもっといるのでは？と思います。保護者や先生が気づかなくても、毎日必死に困っていることを隠し、周囲と折り合いをつけながら無理している子どもたちも相当数いるのでは？と思います。これは大人の社会にも言えることだと思います。

この調査では、学習や行動について困難を抱える子どもたちのうち、その程度に応じて別教室などで学ぶ「通級指導」を利用している割合が一〇・六％、座席の位置や本人の理解度や習熟度に合わせて課題を出すなど、先生が「個別の配慮をしていない」割合が四三・二％、という結果も発表されています（小・中学校）。

実はこれが大問題であり、一人ひとりの「特性」「個性」をしっかりと見極めながら、学校という社会において、嫌な思いや苦痛を感じることなく、学習やスポーツにしっかり取り組める環境を作ることが喫緊の課題と考えます。

僕もこれまで講演の現場で、多くの保護者や子どもたちから相談を受けてきましたが、日本の教育現場は、まだまだ画一的で保守的な考えに支配されているように思います。

障害者差別解消法（二〇一六年施行）では、発達障害を含む障害を持つ児童・生徒への「合理的配慮」は、国公立学校で義務付けられていて、私立学校でも努力義務とされています。合理的配慮とは、「障害がある人たちの人権が障害のない人たちと同じように保障されるとともに、教育や生活において平等に参加できるように配慮すること」を示します。

合理的配慮がすべての公立学校で義務付けられているにも関わらず、発達障害の子どもたちの半数近くが個別支援を受けていない、という現実はあまりにも酷い、と思います。

僕も講演の現場で多くの保護者や子どもたちから相談を受けますが、「あの先生は支援してくれていたが、転勤で先生が変わったら支援が薄くなった」などの話をよく聞きますし、学校現場を総括している校長先生の考えや意識一つで、各学校の取り組みにもずいぶん温度差があるようにも感じます。

つまりは、発達障害についての理解が、まだまだ先生たちに足りないのが現状なのです。運・不運に左右されることなく、困り感がある子どもたちも、ない子どもたちも、すべての子どもたちがお互いを認め合い、学べ合える学校社会が、どこの地域・学校でも実現する取り組みが求められている、と思います。

文／大橋広宣

【参考資料】

・文部科学省ホームページ「発達障害について」
・政府広報オンライン「発達障害って、なんだろう?」
・『発達障害でつまずく人、うまくいく人』備瀬哲弘著（ワニブックス刊）
・読売新聞オンライン（２０２２年12月13日付）
・日本経済新聞（２０２２年12月13日付）他

第四章　どう特性と向き合い、社会で生きていく？

「仕事をして生きていく」ということ

天地　大橋さんは経済的な活動はどんなことをされているんですか？

大橋　フリーのライターとかテレビ番組のディレクター、イベンター、映画コメンテーターとしてテレビのタレントもしていて、一応それで生計を立てています。正直大変ですが、何とか頑張っています。パンフレットやポスターの制作とか、本の編集とかもやっていますね。

天地　私も整理部時代はイラストなどイメージをデザイン部に発注していましたが、デザインもできるんですか？

大橋　それは天地さんと一緒ですね。コンセプトは全部決めますが、デザイナーに発注しています。番組制作も、自分で企画・演出して台本も書きますが、カメラや編集などは外注です。自分で言うのもなんですが、比較的自分のスキルというか、武器になる「表現」という特性を生かした仕事をしているという点では、ラッキーだと思います。

天地　具体的にＡＤＨＤやＳＬＤの関連でいくと、苦手はあっても「好きだからできる」ということでしょうか？　障害特性が仕事の邪魔になるとかはないのですか？

被り物の映画コメンテーター、マニィ大橋として深夜番組に出演〈大橋〉

大橋　正直言いますと、迷惑かけていると思いますよ。
天地　アポとか時間とか段取りとか発注とか納期とか？
大橋　その辺りは壊滅的にマズイです（笑）。うまくいっているかどうか分からないけれど、何とかやれています。何とかやれているのは、結局僕が作った商品に対して、お客様からの反響や評判がいい、ということだと思います。
天地　そこは特性と培った能力が活きたわけでしょうか？
大橋　そうですね。それに付随する納期とかチームワークとか段取りとか守れない。ただ、僕もずるいかもしれないけど、本当にこれを過ぎると「泡」になるというぎりぎりまでには仕上げています。ですが、実はここだけの話ですが、過去には「泡」にして激怒されて、発注を受けたのにそのままにして自然消滅した仕事も何件かあります。

天地　私も、大橋さんがあまりに約束を守ってくれないから、諦めの境地になったことはあります。
大橋　申し訳ないです。結果、自分の得意なところに関してはできるけれども、そこに付随してくる苦手部分に関しては、サポートが無いとできないのです。だから、そんなサポートをしてくださる方には感謝しかありません。
天地　先程言われた、就職を世話してくれた大学の教授の話のように、そういうサポートをしてくれる方に導かれるわけですね？
大橋　そうです。もしかしたら、仕事の関係性で言うと、サポートしてくださる方、具体的には担当編集者やディレクター、プロデューサーなどですが、ある意味で「ウインウイン」なのかもしれません。

レギュラー出演しているラジオ番組にて
（2023年エフエム山口）〈大橋〉

彼らにとって、僕が創り出す物が必要なのだと思います。そのために彼らは、本来自分の仕事ではないことを経験しなければならない。はっきり言うと、雑誌のライターをやっていた頃、○○文字以内で、という発注があるのですが、僕は原稿が書けても、パソコンの画面上にその○○文字以内のフォーマットを作ることができないわけです。何×何がその○○文字になるのか分からない。そこを編集者が作ってくれないと、一時間で終わる作業が五時間ぐらいかかってしまう。

天地　なるほどですね。

大橋　その、例えばフォーマットを作る作業を気にすると、その意識が足かせになって、発想力や行動力がものすごく制限されるわけです。だから、彼ら彼女らはそれが分かっているから、原稿のフォーマットをこまめに作ってくれていました。あとは「大橋とは仕事をしない」とか感情的になると、僕が二度とやれなくなるということも分かっているから、気を遣ってくれていましたね。そして、僕の第一のパートナーといえば身内の妻ですよね。つい最近もネットでＡＤＨＤの夫と健常者の妻の苦労話のエッセイが載っていて、それを見て読ませたら、「この程度でキレるの奥さん⁉」って（笑）。私からすれば甘いと。結婚して二十年以上経ちますが、僕の特性に対して我慢をしながらも、彼女は「嫌になったことはたくさんあるし、あったけど、基本として、普通の人との違いを楽しんでいるし、あなたといると毎日刺激的で面白い」と言ってくれました。難しいですが、いかに心地よく甘えられるか、そこは人間関係だと感じます。僕のために苦労してくれている人たちのことを僕が好きにならないと、その人たちも僕のことを好きになってくれない。じゃないと、この関係は成り立たない。信頼関係がないと成り立たないですね。

天地　そこはよく分かります。

大橋　だから天地さんにも申し訳ない限りですが、信頼しているからこそ関係がこうして続けられていると思っています。そして、結局、映画に関わることや、映像を作るとか、自分が子どもの頃から得意だった「表現」に関わることとしか仕事としてできないし、それに付随してくる苦手に関しては、相手に自分の苦手な特性を説明して理解してもらったうえで、サポートをしてもらわないとできないわけです。

天地　それでも発注してくれるわけですよね。それが凄いと思いますし、実際に大橋さんが関わってきた映画や映像などはクオリティも高いです。

大橋　ありがとうございます。ですが、甘えないと生きて行けないのです。

「合理的配慮」と「インクルーシブ」の大切さ

大橋　発達障害という理解や認識は大きく変わってきているとは思いますが、理解ということに関してはまだまだと感じます。

天地　どのような部分でそう感じますか？

大橋　僕らが学校に通っていた頃は、発達障害という概念自体がなかったわけですが、いろいろと研究が進む中で、様々なことが分かってきて、それに対する支援が進んで来ました。インターネットもありますし、発達障害に関して様々な情報が溢れかえっています。しかし、現場で当事者の子どもたちへの支援がちゃんとできているか、理解が深まっているかというのは、本質的なところはまだまだという感じです。実際に講演で全国の小・中学校に行っていますが、そこは実感しますね。子どもたちに対して、自分の小・中学校時代に自分の特性故に苦労した話や周囲の無理解に苦しんだ話をしたら、まさに「今の問題」のようにリアルに感じてくれるケースもたくさんあります。

天地　時代は関係ないと。

2016年、特別支援学校での講演〈大橋〉

大橋　そうですね。だから、今の自分の問題として、今の自分たちの経験として聞いてくれます。僕の学齢期からは四十年以上も経っていますが、大きく変わっているようで、実は変わっていない部分もあると思います。講演後によく先生方とお話をしますが、制度や知識、認識は広まっていても、実際それを受けて教育現場や家庭が追いついているかというと、決してそうではないですね。それは、校長先生次第であったり、親次第であったり。いつも思うのは運不運をつくらないことが大切だと思います。たまたまいい先生に出会って良かった、悪かったとか。「先生の理解があった」がたまたまではいけないということに尽きますよ。一定レベルの支援が全国どこの学校でも平均化されるべきです。これは学校に限らず、社会や地域でもそうですね。特に合理的配慮が進まないと、本当のインクルーシブは実現しない。法律で公立学校に通う発達障害の子どもたちには合理的配慮が義務付けられていますが、正直、先生方の理解がそこまで進んでない、というのが実感です。

天地　合理的配慮やインクルーシブって何ですか？

大橋　合理的配慮は、障害のある人が障害のない人と同じように人権が保障され、教育や社会生活において平等に参加できるよう、それぞれの障害特性や困りごとに応じて行われる配慮のことです。二〇一六年に施行された「障害者差別基本法」では、合理的配慮を提供することが行政や学校、企業などに求められています。例えば体育館で講演会をする場合に耳の聞こえにくい人がいようといまいとマイクを使ったり、階段の他に車いす用のスロープを作ったりすることも合理的配慮です。発達障害の場合は、多くの人が簡単にできることが難しかったりして、例えば忘れ物が多いとか約束を守れないとか、具体的な指示がないと理解が難しいとか、見た目では分からず、それが特性として理解されにくいから合理的配慮が難しかったりします。インクルーシブとは、障害がある人もない人も共生できる社会のことを示します。

天地　見た目では分からない、特性として理解されにくい、という点では精神疾患も同じだと思います。

大橋　簡単に言うと、障害がある人がどんな地域や会社や家庭にいても、生きやすい居場所を作ろうよ、ということなのでしょうが、そこを進めようと思ったら、周りの方々も障害特性について勉強する必要がある。できる人はできるわけだから、できない人の気持ちが分からず、思わず傷つけてしまうことが多い。できないことを責めがち、叱りがちになってしまう。認めて褒めてあげれば、得意なところ、好きなところも伸びていくと思います。特に学齢期はそれがないと、その後の人生に影響します。これは学齢期に限ったことではありませんが、成功体験や誰かに認められるということは自己肯定感や前に進もうとするモチベーションにつながると思います。それが否定され続けると、自己肯定感が低くなり、やがてそれが二次障害、三次障害へとつながっていく。

天地　自己肯定感が低くなるということは、精神疾患でもよくあります。「自分なんか、生きてちゃいけないんだ」という思考にどうしてもなってしまいます。

大橋　自己肯定感は非常に重要だと思います。これが低いと生きづらさが増します。精神疾患でも同じですよね。かつてＮＨＫのハートネットＴＶに僕が出演した時、共演した発達障害の当事者の方が「自己肯定感とは『あ、わたし生きていていいのだ、と腹の底から実感すること』である」と言われていました。幼少期に醸成された嫌な経験があっても、今をどう生きるか、だと。そして「今生きている時に感じるマインドポイントが0になると心が壊れる」とも言われています。確かにそうだな、と。「私は生きてていいのだ」「これでいいのだ」という感覚ですよね。

「障害」と「社会」との関わり

天地　私が東京で発病後に母と暮らしていた時、整理部から記者にうつって修行をしていたのですが、ある時、ルーティン以外の仕事となるイベントの取材命令が来ました。いつもは、電車内も混まない早い時間帯の出勤だったのですが、その時は、満員電車で移動して、人がたくさんいて、わっさわっさした会場で取材しなければならないという「変化」があったわけです。私はその「変化」に弱くて、母と一緒に電車に乗って母は買い物してもらい、その間に取材したことがあります。母をうまく利用させてもらったのです。また、内勤職場で動画編集をしていた時は、終わったら即退社するということもしていました。カウンセリングの結果「仕事は選んでいい」と会社には話していました。正直、デスクにずっといるということができなかったので、仕事終了イコール退社ということにしました。理解ある上司だったのですが、途中で部長が変わって理解が少なくなり「退社時間までいなさい」とよく言われました。

大橋　その時何歳くらいですか？

天地　内勤時は三十三歳くらい。発病は二十八歳ですから、五年ぐらい経った時期です。

大橋　数年間は病気と向き合いながら、苦労して仕事されていたのですね。途中で部長が交代して理解があまり無くなったということですが、当時の職場の支援体制というか、その間の福利厚生っていかがでしたか？

天地　新聞社には発病後十年間在籍しましたが、発病して休みがちになっても給料は出ていました。職場の疾患に対するサポートはまだケースも少なかったためか、当時は手探りで、正直、しっかりとはしていなかったと感じます。今はまた違うと思いますが。

大橋　休んだり早退することへの罪悪感みたいなものはいかがでしたか？

天地　出社できないことに関してはありましたが、早退についてはやや薄らいだものを感じていました。仕事を少なくとも一つは完了させていたわけですから。最初のころは「お前が来ないと、自分の仕事がはかどらないから頑張って来てね」とは言われました。

大橋　やはり、周囲の理解とサポートが大切ですね。当時はまだ心の安寧を得られる仕事ってあったんですか？

天地　理解ある部長の時は「新しいことをして誰もできないことをしようじゃないか」と言われて、先端だったニュースやイベントものの動画編集に携わったり、エクセルで調査報道をする時に国家公務員の統計官から学んできて、関数なんか使うような小難しいことなんかをしていましたね。「これで給料泥棒じゃあない」と自信になったりしました。

大橋　そういう意味では疾患を持ちながらもスキルを持って、会社に貢献することはやっていたというわけですよね？

天地　部署横断的なことをする時に、各フロアを走り回って、局をまたいだようなことをしてこなして、「病前より仕事の質はいいよ」と言ってもらったことはありますね。

大橋　なるほど。十年間、詰むところまでは頑張れたわけですよね。言い換えれば、周りのサポートと理解があれば、疾患と向き合いながらも、仕事が継続できたかもしれない、とも言えますよね。

天地　決定的な詰みは、休職中の時期ではありましたが、人事でしたね。発症時の上司と同じ部署になっちゃったのでぶり返して……。

大橋　そうかあ。そこも運、不運に左右されてはダメですね。学校だったり、会社だったり、組織的な理解やサポートの体制が無いとダメだと思います。疾患や障害を理解したうえでマイナスを補う制度があるかどうか、そこが一番大きなポイントかなと思いました。僕も入社当時から遅刻はする、机の上は汚い、約束を忘れて苦情電話はかかってくる、散々ではありましたが、編集局長が「新人なのに君はすぐ使える原稿を書ける。大したものだ。即戦力だ」と評価してくださったんですね。それで、マイナス面を凌駕するほどバリバリ働き出すわけです。周囲の理解は大きいですね。過酷ですが、毎日しっかり原稿は出稿していました。

天地　私も「753の法則」でその時出せる記事から着手までの三本をいつも心がけていましたね。大事ですね。今日確認してすぐ出せる記事を「七割の記事」と言い、「大体めぼしがついていて、一日取材したらそろそろ出せるかなという記事を「五割の記事」と言い、さあてこれから記事にこれをしようか、そのためにはこれを調べてここに取材してという記事を「三割の記事」として、常に記者たるもの三本の記事を念頭に毎日過ごすというものですが。

大橋　結局僕の場合、毎日細々とした取材仕事はきつくなってきたのですが、会社がメディアミックス事業を始めて、テレビ番組の制作や女性雑誌の編集、イベント企画などを始めて、その担当になったことも大きかったですね。

天地　それは「ホームレス時代」の前ですか？　あとですか？

大橋　あとですね。「ホームレス状態」のトンネルを脱して、仕事も多角化して、もともとの得意がもっと活かせるようになって、フリーになってからのスキルを身につけるきっかけにもなりました。あと、先程述べた映画に関わるようになったきっかけをもう少し詳しく話すと、担当エリアでたまたま映画の撮影があって、「取材」と称して毎日入り浸っていたら、やたら映画に詳しいからスタッフと仲良くなり、キャンペーンや撮影のお手伝いなどを頼まれるようになって、やがて「映画」を仕事にしたい、と独立してフリーになりました。その頃、取材を通して佐々部清監督と出会い、親しくさせていただくようになって、具体的な作品名で言うと「出口のない海」（二〇〇六年）という作品が僕の住んでいる地域で撮影されることになり、撮影地の選定やエキストラの募集事務などを手伝うようになって、仕事の片手間ではできないと思って、思い切って退社しました。正直、記者時代の後期は部下もできて、現場に出るより短信の書き写しや雑用も増えて、失敗やストレスもあったので次第に適応できなくなっていたので、いいタイミングで退社したのかもしれません。

天地　私は、飲み会などでも環境適応しすぎて、労働組合なんかの役員もしていたので、上役がいるテーブルが二つあってボーイのようにあちこち行って、耳をそばだてていると、ある人から、「お前、分裂病の気がないか？」とか言われていましたね。

大橋　そうなのですね。僕は新聞社時代、同僚から「君は友人としては最高だが、同僚としては最低。どんなに取材力があったとしても、机が汚いとか、約束を忘れたツケが周囲に及ぶとか、迷惑でしかない」と真顔で言われてショックでした。そんな中で編集局長は退職するまで僕を守ってくれました。ホームレス状態の時も常に励ましてくれていましたし、時々自宅に招かれて食事も呼ばれて、奥様にも良くしていただきました。僕がＮＨＫのハートネットＴＶに出演した時、何とご自身も退職されていたのにＶＴＲ出演していただき「大橋君は計算できんかったし、机は汚かったし、約束も守れなかった。けど面白い記事をいっぱい書いてくれて助かった。僕は彼が好きだったなあ」とコメントしてくれ、正直涙が出ました。取材したＮＨＫのスタッフが「大橋さん、上司に恵まれましたね」と言ってくれて。

天地　「ハートネットＴＶ」はいい番組ですよね。

大橋　ＮＨＫの福祉番組を制作された当時のスタッフの中には「うつ」で長い間休んでいた経験があるとか、ＬＧＢＴＱの方とか、マイノリティーの方がいらっしゃって、それこそ居心地が良かったです。そんな番組に足掛け十年も関わることができたのは大きかったです。発達障害に関わらず、様々な依存症の方やＬＧＢＴＱの当事者の方と直接お話できたことは良かったですね。「知る」ことって大事だな、と思いました。苦しんできた内容は違っても、「苦しい」という思いや感情は一緒なんだなということに気づけたわけです。だから、天地さんとも障害特性は違っても、こうして分かり合えるのはNHKに出演したことが大きいと思います。

天地　どうやってNHKに出るようになったのですか？

大橋　ある日、発達障害について語れる当事者を探しており、出演してくれませんか？と出演依頼の電話がありました。それは二〇〇六年でしたが、まだ発達障害について語れる当事者が少なかったんです。

天地　そうだったのですね。

大橋　たまたまその前に毎日新聞の地方版に出ていて、その記事をNHKの方が見たようです。その記者の弟さんが発達障害で、たまたま知っていた方だったのですが、当時、発達障害の子どもの未来を悲観した母親がその子を殺めるという悲惨な事件があって「正しい理解を広めるためにも取材を受けてくれ」と。当時、実は講演活動をすでにしていたのですが、昔のいじめの体験などを話すと、それこそ子どもへの虐待したい気持ちと自傷行為が激しくなって、一切発達障害に関する発言や講演活動を封印していた時期がありました。講演を封印して四年後ぐらいにその記者が取材依頼をしてきて。彼は当時、僕にその事件に対する想いを切々と語ってくれて……。何とか回避できなかったか、なぜ支援ができなかったのか、苦しむお母さんに対してできることはなかったのか……と涙ながらに語るのですよ。聞くと弟が発達障害で、必死に支える親の姿を見てきたと言うんですね。それで、「発達障害と向き合いながらも、家庭を築き、頑張っている大橋さんを取材したい。多くの当事者の希望になる」と説得され、彼を信用して取材を受けました。

天地　取材する側とされる側の信頼関係は大切ですよね。

大橋　そうですね。僕が制作している地元ケーブルテレビ局の福祉番組に天地さんに出演依頼をした時、天地さんが僕を信用してくれたのと同じだと思います。

天地　はい。

大橋　「誰かの役に立つのなら」と引き受けたら、その記事がよく書けていて、それでNHKから電話がかかってきました。今も講演活動ができているのはNHKに出演していた、ということが大きいと思います。正直、NHK出演をきっかけに講演活動を再開した時はまたトラウマがよみがえらないか不安でしたが、その頃は妻が僕を抱きしめてくれて、次第に僕のトラウマも薄くなってきていたので、講演でいじめの話をしても心が不安定になることはかなり少なくなってきました。まあ、完全には今も無くなってはいませんが。

天地　大橋さんの話を聞いていても、家族の存在は大きいと感じます。私なんか、親より早く死ななきゃ大変なことになります、自嘲ですが。正直、親がいなくなってから一人で生きていくことは厳しいな、と感じます。働いてもいないし、現状、生活能力もないですし……。

大橋　そんなこと言わないでください。

天地　いけませんね、悲観的では。働くことで言うと、「みんつど」に載せようとして在宅就労について市役所のホームページから調べると、全国で北海道から熊本までずらっと調べたらいろいろ出てきて、一つ一つ当たらなければならないことになったんです。それでテープ起こしの仕事ができる事業所、十社ぐらい電話したかなあ。ほとんどがその会社がある所在地の自治体住民限定。他も仕事案件がないということで、苦労した作業の意味はなかったです。

大橋　そうなんですね。

天地　だから在宅仕事の資格を通信教育で学んで、大手の請負会社に登録しなければいけないのかな、と。しかし、健常者相手の仕事となるとつらいと思います。競争社会で甘くないですからね、障害者だから気分が不安定なので、それでもできるところはないのかなあ、と思うわけです。

大橋　正直難しいでしょうね。

天地　はい。それで最近、みんつどの号外を福祉関係の方に出して、言いたいことを在り方委員会にして、「こんな私はもう社会で羽ばたけないの？　オーダーメイドな福祉はないの？」と問いかけたら、山口の精神保健福祉士や島根大学の先生から教わって、ＩＰＳ（Individual Placement and Support）「個別就労支援プログラム」というのがあるのを知りました。調べると、ＣＯＭＨＢＯ地域精神保健福祉機構という団体のホームページを通して、ある程度どういう

2023年、自宅近くの神社にて〈天地〉

ものか分かりました。このプログラムによる就労支援を行う機関はまだ山口県にはないのですが、島根県や福岡県には支援する病院や就労移行施設があります。従来の障害者の就労支援とは違って、例えば、症状が重いことを理由に就労支援の対象外とすることはないし、チームで就労支援と医療保健の専門家がつく、保護的就労でなく一般就労を目指す、就労先は技能や興味を優先するとか、本人の意向に沿った形なわけです。私はこれに今注目しています。それで今後、島根県で取り組んでいる病院にお世話になることにしました。今後うまくいくかは分かりませんが、とりあえず一歩進むことにしました。

大橋　この支援プログラムの存在は就労に苦しんでいる発達障害当事者にとっても大きいと思います。もっと広まるといいと思いますね。

天地　本当にそう思います。

大橋　「働く」ことへの理解や支援、ということを考えると、先程天地さんが話された、発病後に理解ある上司の元でなら様々な新しい仕事もこなせた、という話を思い出します。やはり周囲の理解ですよね……。にしても、僕も何とか仕事をしてはいるけど、サポートがないと自分の得意を発揮できないし、天地さんとのこの対談プロジェクトもそうですが、約束がズルズル遅くなったり、納期が遅れたりとか、結局取引先や相手に甘えないと仕事が進まない。情けないです。

天地　大橋さんは、様々な技術を持っているからいいじゃあないですか。僕だって、ほかはダメでも、編集能力だけは結構な能力が残っているから、そこは使い分けたいです。だから「みんつど」の発行もできて続いたわけです。

大橋　天地さんの自分のことを発信する、というそれだけで凄いと思います。自分のダメダメなところもユーモアある文章に変換できる能力も天地さんの魅力です。自分のどんなところも魅力に変えて発信できるのは凄いですよ。

天地　そういう特性があるからこそ、編集能力が生きたのだと思います。それを武器に私も何とかできているわけです。たまたまその世界にいる人間にしては、分かりやすい文章を書く人間だということでしょう。それで食べていけるならそうしたい。それほど売れていませんが、第一作目の著作で少し欲も出ました（笑）。ただ続けていれば、「継続は力なり」でいけるかもしれないし、書くことや編集することはライフワークかな、と思います。そこからの広がりにも期待しますね。この大橋さんとの対談も大変楽しんで取り組んでいますよ。編集を考えたりするのもリハビリですね。

大橋　分かる気がします。でも僕の今のメインはなんといってもお金です。家族を食べさせなければならないので。そういうことに関する仕事は、かつての悲劇を絶対繰り返さないためにも、納期を守らないとか、約束を反故にするとか死んでもやらないつもりです。今となっては、二度と食べられなくなりますから。正直言うと、ＡＤＨＤという障害特性を抱えながらも締め切りや納期などの基本線を守る仕事を続ける、ということは実際に徹夜が続いたりするので、心と身体を削っている、と感じています。あと過集中もＡＤＨＤの特性の一つで、ゾーンに入ると何日も寝ないで作業してしまいます。僕は糖尿病の合併症から慢性腎不全となり、人工透析を経て妻から腎移植も受けていますが、この他にも病気は多く、何度も入退院を繰り返していまして、これはハードな生活が続いていることに起因しているとも思うので、ＡＤＨＤ特性が大きく関係しているとは思います。

天地　それだけ心と身体を削れば大変とは思いますが、本当に山口のような地方で、大橋さんみたいな「スーパーマン」はいないのじゃあないかな？　映画の製作にも関わっていますよね。「百円の恋」とか、日本アカデミー賞まで行ったじゃないですか。

大橋　ありがとうございます。映画に関しては、生きる希望になってきたことは確かですね。いじめられていた学齢期やホームレスになった時など、つらい時、「あの映画を観るまでは死ねない」といつも思っていました。歌や演劇などもそうでしょうが、エンターテインメントって、意外に多くの人にとって希望になっていたり、様々な生きづらさの抑止力になっていると思います。今「生きづらさ」と言って思い出したのですが、あるマスコミの方に取材された時に「僕は『障害者』という言葉を使いたくなくて、代わる言葉として『生きづらさを抱えている人たち』ということにしました。大橋さんもディレクターや映画に関わっているから、このセンスが分かりますよね？」と言われ、「はあ」と答えながら、「お前に生きづらいって決めてもらいたくないわ！」って（笑）。生きづらいかどうかは主観だから、それをメディアの側が当事者に「あなたは生きづらいでしょ」って決めつけるのは違うかなあ、と思ってしまいました。

天地　私も前著の取材の時に記者さんが遠巻きに言わせたい言葉があったようなんです。同席していた人に後から、あれは「ふるさとはいいところだ」って言わせたかったんだよ、と言われ、なるほどな、と思いました。ソフトな誘導尋問だったのかと。

大橋　僕も記者時代に同じことをしていました。誘導尋問です。「○○という意見がありますが、正直そう思いますか?」って聞いて、その○○という意見を口にしたら、それを見出しにする。僕も悪いことをしたと思います。ものすごく反省しています。記事を書く前にすでに頭の中に構成が決まっていて、現場では、その構成に沿うように相手に取材して言わせていく。完全なミスリードでしたが、実際にこういうことはしていたと思います。

天地　同感です。私が聞いた話では、先輩記者で、取材相手が何か聞いてくるまでずっと黙っている人がいて、それは伝説気味に語られていましたよ。何から喋りましょうかって相手から。

大橋　それは凄い。僕は相手を喋らせるために自分の話をよくしていましたね。記者時代のことになると、話は尽きませんね。

天地　さて、いろいろと話してきましたが、そろそろこの対談もまとめに入りたいと思います。大橋さん、きっかけの一言をください。

大橋　え? 僕から? まあ、僕らは同じ新聞記者を経験して、近所にたまたま住んでいて、縁があって出会って、こうして一緒にプロジェクトを共同で取り組んでいますが、今回感じたことは、職歴や好きなものなどは似ているようでも、僕と天地さんは持っている特性や細かい考え方は「違う」ということですね。でも、イライラすることはあっても、その「違い」をお互いに認め合うことが大切だと思います。何より僕は天地さんのお陰で精神疾患のことをいろいろと知ることができた。「知る」ということが理解につながるし、自分と違う人たちが周りにいても嫌じゃない、という社会を作ることが大事です。自分たちが住む地域や会社、家庭の中で少々ポンコツな生き方をしていても、周囲の人々はその人を執拗に責めたりせずに、寛容な心で見守られる社会であってほしい。どんな人だって様々な特性を持っているのだから、そうして認め合い許し合えれば、誰もが居場所が見つけられる社会になるのかな、と思いました。

天地　私は現代の「スカブラ」だと思っています。表記は「炭鉱のスカブラ」というのが正しいのかな?

大橋　「スカブラ」って何ですか?

天地　つまり、昔は炭鉱で仕事をせずにみんなをスカッと笑わせてブラブラしていた職業があった（諸説あります）ということです。山田洋次監督の朝日新聞のコラムでは、「『寅さん』があてはまるのでは?」と書いていました。「寅さん」「山頭火」「山下清」の三人のブラブラ加減なのかもしれません。みんな時代の流れについていけてない。自分軸で生きているけど、こんな合理的な世の中では「要らない存在」と組織では切り捨てられる象徴かもしれません。
大橋　確かに。寅さんは家族にとって厄介者になることも多いし、山頭火は泊めてもらった知人宅の布団に、ウンコをしたまま去った、という逸話もありますものね。どんなに良い句を詠んでも、それではなかなか理解はされないかもです。
天地　山頭火のウンコの話は諸説あるようですが、自宅ではあったようですよ。そこは裏がとれました。親交の深かった大山澄太さんの回想記で「……奥さんが悪い顔して山頭火は今起きたところですのよ……なんとまあ敷布団の上に、大糞がしてあって、湯気が立っていたよ……」（『山頭火　研究と資料　山頭火の本別冊1』、春陽堂。「佐藤咲野さんの事」の項、263ページ）とあるのですよ。ほかの家の記述は見つけたことはないですね（笑）。
大橋　さすが記者（笑）。ちゃんと裏をとる。
天地　まあともかく、私は世間一般の皆さんを普通とするなら、自分の住んでいる地域で経済生産的な活動をしているとは言えません。でも私自身は存在価値があると勝手に思っていて、これからもヘンテコな活動を続けていきたいと思っています。面白がってくれる人も結構いますし、居心地もそんなに悪くない。

大橋　人がどう思おうと、「居心地が良い」は大切ですね。

天地　今回大橋さんと、「師弟関係」のような「同志」のようなヘンテコな関係で、まさか本が作れることになるとは光栄です。三年かかりましたが（笑）。それはさておき、アラフィフの私のような者でも、家族会や大学の講演なんかに行くと、みなさんが新鮮に受け止めてくれる、自分が苦しんでもがいた経験を自分なりにかみ砕いて、少し笑いを入れながら話すとものすごく喜んで聞いてくれる。特にオッサンでもできる手抜き料理なんか少し挿入して話すと、それが一番ウケたりしますよ。そんな経験をこの本の進行過程の中で経験して、若い人や若い親御さんにとって自分の存在は結構有用なんだ、と思い知らされました。それだけで暗いトンネルの中にいながらも、「十分生きている、生かされている価値はあるんだ」と感じます。

大橋　自分の存在が誰かの「希望」になってくれている、こんなうれしいことはありませんよね。僕も全国各地の学校などで発達障害に向き合った体験や、いじめの経験について講演をしていますが、僕も天地さんと同じように当事者の子どもさんや親御さんから「希望になった」「励みになった」と感想をいただくと、自分の障害特性について前向きな気持ちになれます。

天地　退職して十年、罹患して二十年経ちましたが、こうした経験は、自分を見つめ直す良いきっかけでもあり、中年期にこうした経験ができる人の方が少ないと感謝しています。まだまだ自分を御せない、扱えない面は多々ありますが、「最低点の自分」を認めることができるようになったとは思います。「できる」と「したい」は違うと思いますが、野球で例えると、ホームランの一点より、四球→盗塁→バント→内野安打の一点を目指せるようにはなってきたと考えます。どうかこの二人の対談がみなさんの生き方の少しのヒントになればと思います。

現在の天地（左）と大橋（右）

解説

新潟医療福祉大学大学院　教授　横山豊治

新潟県にいる私と山口県にいるおふたりとは、実をいうとまだ直接の面識はないのだが、数年前から天地成行さんと農福連携のことがきっかけでメールのやり取りをするようになり、編集、発行をされていたミニコミ誌『みんつど』や二〇二〇年に上梓された『わたしは山頭火!?―元新聞記者の告白　統合失調症・闘病記』をお送りいただき、様々な奇行を含む壮絶な闘病経験が赤裸々に、時にユーモラスに綴られる独特の〝天地ワールド〟を知るひとりとなったことから、今般の大橋広宣さんとの対談集刊行にあたり、解説の執筆を依頼されたというのがおおまかな経緯である。

定型的な五・七・五の俳句と異なる自由律俳句というものがあることを天地さんから初めて教えられたし、その天地さんを介して山口県周南市で「周南『絆』映画祭」の開催などに活躍されている大橋さんのことを初めて知らされた。

かくいう私、横山豊治《よこやまとよはる》は、おふたり風に自己紹介をすると、一九六〇年（昭和三十五年）四月十日のA型。故・永六輔さん、さだまさしさんらと同じ誕生月日であり、故・淀川長治さん、六平直政さんとも同じである。おふたりの共通の職歴である新聞記者の経験はなく、患者家族らへの相談援助を行う医療ソーシャルワーカーとしてリハビリテーション病院と総合病院に合わせて十年ほど勤め、専門学校教員を経て二〇〇〇年の開学以来、新潟医療福祉大学社会福祉学部に勤めている社会福祉士である。

社会福祉学の立場から、対人援助の在り方を学び、実践し、研究してきたが、今回、この解説を執筆中に体調を崩し、人生で初めての入院を経験し、各種の検査の結果、指定難病の診断を受け、医師、看護師、理学療法士、作業療法士をはじめ、自分のかつての教え子である医療ソーシャルワーカーからも支援を受ける立場になった。

それは幸い、命を急に縮める病気ではなかったし、還暦過ぎてからの発症ということで、あと四半世紀くらい、つまり平均寿命程度は生きられるといわれているので、意外と淡々と受けとめることができており、むしろこれからは、私もおふたりとは別のタイプながら、健康上の問題を抱える「当事者」同士として書きかけの本稿執筆に臨める立場となったことを前向きにとらえることができた。

そしてそう思えたのは、とりも直さず、天地、大橋両氏の手によるこの対談集の第一稿をちょうど拝読したばかりであったことが大きく作用している。病気や障害を抱えて生きる者にとって、その事実を受容することの意味について考えさせられていたからである（もっとも、急な入院により脱稿の時期が大幅に延びてしまったため、両氏には大変ご迷惑をおかけしたことをお詫びしなければならない）。

さて、本書では、四十八歳、男性、統合失調感情障害、元新聞記者である天地成行さんと、五十八歳、男性、発達障害、元新聞記者である大橋広宣さんとの対談という形で、それぞれの生い立ちから現在までに至る生活歴、就職までの経緯と共通の職歴である新聞記者時代の経験、「障害」をめぐる議論、自分の特性と社会への向き合い方などについて、交互に語り合う様子が綴られているが、少年期からの壮絶ともいえるいじめ体験と成人後にも苛まれるフラッシュバックのエピソードはまさに当事者でなければ語れない具体性とリアリティがあり、医療や福祉に携わる援助専門職から見ると極めて貴重な文献といえる。

いわば、障害当事者の生活史をたどるライフヒストリー研究のインタビュー調査で時間をかけて聞き取らせていただくような内容が豊富に語られている。

さらに、何よりも同じ疾患や障害を抱える方々やそのご家族、周囲の方々などにも参考になるよう専門的な用語についても分かりやすく書かれており、つらい体験も時にユーモラスに回顧されていて、「救い」がある。ソロの手記や闘病記に比べて、対談形式で問いかけ合い、受け止め合って、展開されていくおふたりの共同作業がまるで言葉の縄を編んでいるような構成を生んでおり、話し言葉での文章が読み進めやすく綴られていて、さすがにジャーナリズムの第一線で活躍され、社会の様々な実相に迫りながら、人に伝えることや表現することを生業としてこられた方々の著作である。

種類の違いはあるとはいえ、目に見えにくい障害を抱えながら無理解とも闘ってきた互いのつらかった日々や人柄を熟知している者同士であるだけに本音を引き出し合えているようにも感じられた。

山あり谷ありの生きざまの中には、「ボランティア部を『ボランティア』する」といったユーモアあふれる軽妙な語り口や大学時代の〝恩人〟たちとの出会いや映画に関する造詣の深さが社長との面談にまで奏功して新聞社に採用される幸運なウラ話など、爽快なくだりもある一方、

「一人二十四時間サンダルマラソン」や自己破産して「ホームレス新聞記者」となり、洗車機のノズルをシャワー代わりに使ったエピソードなど、それぞれのかなり痛い体験も語られているとともに、記憶の奥深くに封じておきたいような重い過去も赤裸々に記されている。最愛の存在である肉親に思わず手をかけるかのような行為に走りそうになる場面のことである。

そして終盤に天地さんは「私なんか、親より早く死ななきゃ大変なことになります」と発言しているが、障害当事者にこういうことを言わせる社会であってはならない―という問題提起の裏返しとして、この対談集を読む一人ひとりにそして社会を形成するすべての人々に向けて投じられた一石のように感じた。〝親亡き後〟に向けた当事者や関係者への支援のあり方が、長年にわたってわが国の障害福祉施策の課題とされ、今もなお問われ続けているだけに、この一石は重い。

凸凹は誰にでもある。自分の特性を生かし、ストロング・ポイントにすることができればたとえ生産性は高くなくても少なくとも「自己実現」には近づくはずだ。そのためには、人と人との豊かな出会いが支えになる。良い友達を持てたこと、それも立派なストレングス（強み）なのだから。

あとがきに代えて～一期一会は一期一縁～

大橋　「あとがき」に代えて、僕らの近況について話しましょう。

天地　そうですね。この対談自体は、二〇二〇年にしていて、お互いに状況は少し変わっていますよね。

大橋　作業に三年近くかかってしまいましたからね（笑）。この三年間、元の対談に手を加える形で、メールでやり取りをしながら作業を進めてきました。精神疾患や発達障害に関わることなどは最新の情報を入れながらも、二人の状況については敢えてアップデートせずで、二〇二〇年当時のままです。

天地　私が熱心にメールを送っても大橋さんが忙しくて全然返信が返ってこない期間がありましたし……。

大橋　それは申し訳ないです。一時期、過集中して徹夜を繰り返さないと進まない量の仕事を抱えていた時期があって……。ですが、天地さんも連絡がなかなかつかない期間がありましたよ（笑）。
天地　私は八年ぶりに再入院しましたからね……。
大橋　そうでしたね。
天地　二〇二二年の十一月までは順調だったのです。対談にも出てくる、四恩人のお一人で俳人の河村正浩先生のご協力を得ながら、私の新しい著作『ココロトトノウ、俳句ごっこ』の執筆と編集を進めていて。ですが、勝手口でタバコを右手、お線香を左手に持ちながら、母親に矢継ぎ早に文句を言う……という奇行が始まりまして……。
大橋　『ココロトトノウ、俳句ごっこ』は、天地さんが俳句の創作や研さんによって救われたという「俳句セラピー」の実践について、師匠である河村先生との関わりや作られた俳句を紹介している本ですよね。そんなに順調だったのにまたどうして？
天地　一つはＳＮＳの存在があったかもしれません。インスタグラムやフェイスブックをやっていましたが、ＳＮＳは発信になるし、良い面はあるものの、プラスになる人とつながるだけなら良いのですが、いろいろな人と直接つながるので、私にとってマイナスな意見を目にしたり、直接もらう機会もあって……。まだ心に耐性がありませんから、正直、傷ついてしまいました……。

大橋　それはしんどい。ＳＮＳの世界は遠慮がないですからね。ネット上の文字は機械的で温かみも感じませんものね。

天地　それですべてのＳＮＳを辞めて、母親と大学時代を過ごした島根県を旅行しました。

大橋　そういえば、この対談で、島根県の病院にお世話になることにした、と言われていましたね。

天地　はい。旅行もして、病院にもかかりました。ですが、島根県の病院では「入院が必要ですか?」という母に対して「心配はない」と言われて……。結果、奇行は治まらず、状態がかなり不安定になって八年前と同じ山口県内の病院に一カ月半入院しました。

大橋　この頃、僕は天地さんとこの本の打ち合わせのために会う約束をしていましたが、結局いろいろあって打ち合わせできませんでしたから、心配していました。まあすれ違いがあっても、お互いの関係性は崩れない、という妙な確信と安心はありましたが。久しぶりの入院生活はどうでしたか?

天地　それが、看護師さんや他の入院患者さんから大歓迎を受けまして。「お帰りなさい!」

と笑顔で言われた時はうれしかったです。私がいろいろ発信していたことを皆さん知っていたのでしょうか？　入院中、人気者になって、心地良かったです。

大橋　それは良かった。八年の間にやってきたことは無駄ではなかった瞬間ですね。いいリハビリにもなったのでは？

天地　はい。それで、入院前の旅行では、出雲地方で神社めぐりをしたのですが、その時、改めて対談本論であげさせていただいた「四恩人」の方との出会いに感謝し、すべては「ご縁」なのだと悟ることができました。退院して、ぼちぼちと活動を再開すると、その想いはますます強くなりましたね。

大橋　悟ったのですね（笑）。本当に人生は「ご縁」の連続ですよ。対談でも話していますが、人は人にしか傷つかないけど、人にしか救われない。本当に人との「ご縁」がすべてだと思います。

天地　はい。それで『ココロトトノウ、俳句ごっこ』の作業も進んで、高校時代のボランティア仲間が責任者を務めている周南市内の福祉作業所によって印刷する目途も立ちました。最近はブログを書いたりもしていますが、近く休止していた「みんつど」もまた発行しようかな、と思っています。もちろん、これまでと同じで、できることをぼちぼち、ということは変わりません。

大橋　安心しました。天地さんはこの対談で「まだトンネルの中」と仰ってましたが、まさにトンネルはずっと続いていますね。ですが、先程の入院中のお話を伺っても、トンネル一つ一つの長さは以前ほどじゃないし、トンネル内の照明も、以前よりは明るくなっている、と思いました。

天地　ありがとうございます。大橋さんはこの対談以降で変化したことはありますか？

大橋　僕の場合は、対談の中でもしばしば出てきた地元のケーブルテレビ二局ネットで放送していた福祉番組「こころてれび」が、二〇二三年三月で終了したことですかね。まる三年間放送しましたが、天地さんには放送開始当初から何度も出演していただいて、心から感謝しています。

天地　大橋さんが企画、制作、演出に加え、出演もされていた番組ですね。福祉に真正面から取り組んだ番組はローカルでは珍しかったですよね。私の登場回は山口県立大学など様々な大学の授業でも活用させていただいていて、観てもらった学生さんからはたくさんの感想やご意見をいただいています。ですが、終了と聞いて寂しいです。

大橋　ありがとうございます。「こころてれび」は終了しましたが、同じ放送枠で新番組「インクルしようよ！」が二〇二三年四月から始まりました。この番組は、この対談でも論じてきた、お互いの多様性を認め合う「インクルージョン」をテーマに、そんな「インクル」を進めている企業や団体、お店、個人を紹介していく番組です。

天地　「こころてれび」の内容をさらに深めた感じですね。福祉や多様性をテーマにした番組は他にもありますが、大橋さんの、当事者だからこその視点は共感を呼ぶと思います。ですが、最近、地上波のテレビでは大橋さんを見ませんが、何かありましたか？

大橋　はい、山口朝日放送さんで二〇〇九年から十三年間、様々な番組でレギュラー出演させていただき、映画の紹介・解説をしてきましたが、二〇二二年三月で出演していた情報番組の出演契約はいったん終了しました。その後はテレビではありませんが、二〇二三年四月からエフエム山口さんのラジオの番組で映画について喋るコーナーを担当させてもらっています。

天地　あと、事務所を移転したのですよね？

大橋　はい、対談で紹介した、十八年間手つかずで、紙ゴミの地層が腰の高さまであった事務所を二〇二三年二月末で引き払い、自宅の子ども部屋だった部屋に移転しました。

天地　掃除したのですね！　それは凄い！　まさか自分で？　業者とかにお願いしましたか？

大橋　事務所がある場所を、他の業態のお店用地としてリニューアルしたい、と大家さんから相談があり、妻と話して「新たなステージに進む、いいタイミングかも」と移転することにしました。掃除は妻と、と言いながら、実はほとんど妻がやってくれたのですが（笑）、およそ五カ月がかりできれいにしました。

天地　大橋さんは、この対談で、散らかしてもいい治外法権の事務所があるから安心していられる、て言われていましたよね。今は自宅と事務所が一体化しても大丈夫なのですか？

大橋　はい、今のところは（笑）。自宅内といっても、生活空間とはちゃんと区切られていますし、事務所内では相変わらず自由にやっていますよ。ただし、これまでと違うのは、カギもかかりませんし、僕がいない時はドアを開けっ放しにしているので、毎日妻が掃除もしてくれているため、散らかっていません。

天地　それは良かった。あと、大橋さんが関わった映画の新作「凪《なぎ》の島」が全国公開されましたね？　どんな映画ですか？

大橋　はい、二〇二二年八月に全国の映画館で公開されました。その後、ＤＶＤも発売されて、アマゾンプライムビデオやユーネクストなどの映画配信のプラットホームでも観ることができます。映画は山口県の瀬戸内の離島を舞台に、心に傷を負って東京から移住してきた小学生の少女・凪が、島の人々とふれあい、成長するひと夏の物語です。僕の友人でもある長澤雅彦さんの監督・脚本で、新津ちせさんが主演、加藤ローサさん、チュートリアルの徳井義実さん、島崎遥香さん、結木滉星さん、嶋田久作さん、木野花さんらが出演しています。

天地　豪華キャストですね。大橋さんはこの映画にどう関わっていますか？

大橋　監督の脚本づくりに際して、島の人たちのキャラクター設定や映画で描かれるエピソードなど、お話づくりで参加しています。エンドロールには「ストーリー／脚本協力」としてクレジットされていますね。あと、撮影現場では凪ちゃんの部屋や学校の教室の装飾、劇中に出てくる黒板アートなども担当していて、「美術協力」「美術応援」ともクレジットされています。

天地　大活躍じゃないですか！

大橋　この映画は全国公開の作品だったので、参加できて光栄でした。嶋田久作さんが演じてくださった「山村徳男」という役は、実は僕の父「大橋徳男」のイメージを被せていて、劇中のエピソードも、父親の実話を元にしています。是非たくさんの方に観てほしいです。

天地　大橋さんは、地方に住んでいて、映画と関われていることは凄いと思います。対談本論ではさらりと流していた「百円の恋」について、もう少し詳しく聞きたいです。あの映画は日本アカデミー賞をはじめ、たくさん賞も取りましたし、大ヒットしましたね。

大橋　僕が実行委員長をさせてもらっている周南「絆」映画祭の中に、山口県出身の俳優、故・松田優作さんの顕彰活動として「松田優作賞」という脚本賞を設立したのですが、「百円の恋」は、その応募脚本でした。それで「松田優作賞」受賞作ということで松田優作さんゆかりの方々の後押しで武正晴監督、安藤サクラさん主演で映画化されました。誕生のきっかけが山口県の映画祭ということから、周南市や下松市、光市でも撮影されました。

天地　脚本を書かれた足立紳さんは、この作品で脚本家として知られるようになって、その後は脚本に留まらず、監督、小説家としても大人気ですよね。二〇二三年秋開始のNHK朝ドラ「ブギウギ」も書かれていますし。つまりは大橋さんが「百円の恋」を見つけたわけですよね？

大橋　見つけたというより、これは、天地さんが言われた人との「ご縁」だと思っています。まず、地方のいちファンの僕らの企画が、たまたま松田優作さんと生前親しかった方が注目されて。それで優作さんが俳優でありながらも、脚本づくりにこだわっていた、というところから「松田優作賞」という名の脚本賞を企画したら、「こういうアプローチなら進めてほしい」と、優作さんの権利を持つ方々から公式に認められました。こうした流れもすべて「ご縁」です。今振り返っても、夢のような瞬間が続いた、と思っています。それで百五十一本の脚本が送られてきて、僕は企画した以上はその全部を読まなきゃならず（笑）。それで締め切り前の深夜、寝ないで脚本を読み続けて、目がクラクラとしていた時に脚本の束の中で光っていたのが「百円の恋」だったのです。

天地　本当ですか？（笑）

大橋　本当です（笑）。それでその束から取り出して夢中になって読んだら、面白い！となって、それで最終選考に回しました。全部で七本を選ばせてもらって最終選考に出したのですが、最終的に「百円の恋」が選ばれました。この作品は、長年引きこもりをしていた三十二歳の女性・一子が、ふとしたきっかけで自我に目覚め、ボクシングを通して自分の中の「勝ちたい」という意識と向き合う、というお話です。足立さんは、この賞が取れなければ脚本家を辞めることも考えていたそうです。僕は、この脚本の主人公「一子」にかつての「自分」を見出したのと、実は足立さん自身も様々な生きづらさを抱えていて、そんな「想い」が、僕を突き動かしてこの作品を選ばせてくれたのでは、と思っています。

天地　もしかしたら、作品の方が大橋さんを選んだのかもしれませんね。ですが、百五十一本の脚本をすべて読んで、七本に絞った大橋さんが凄いです。

大橋　いえいえ、企画した以上はやらないと、たくさんの映画関係者の方も巻き込んでいましたし（笑）。ですが、本当にご縁だと思ったのは、足立さんとの出会いです。実は、足立さんの息子さんは発達障害のＡＳＤ（自閉スペクトラム症）と診断されていまして。

天地　そうだったのですね。

大橋　足立さんとは「百円の恋」のあとも親しくさせていただいていますが、発達障害について、いろいろと意見交換をしたり、相談しあったりして、僕自身、とても刺激を受けていますし、勉強になっています。天地さんが言われる通り、足立さんとの出会いも、天地さんとの出会いも、すべて「ご縁」だと思います。大人になって、障害特性について語り合ったり、共感しあう人たちと出会えるって、本当にありがたいことです。それも、自分なりに人とつながり、発信してきたからだと思っています。そういう意味では、天地さんもそうですよね？

天地　確かにそうですね。今回解説を書いていただいた新潟医療福祉大学大学院教授の横山豊治先生も、私からメールを差し上げて、交流するようになりましたから。

大橋　交流といっても、直接お会いしたことはないのですよね？

天地　ないですね。メールのやり取りだけです。

大橋　横山先生は、面識がないのに、メールでのやり取りと、天地さんが発信してこられた「みんつど」などを読まれて、天地さんを信頼し、共感したからこそ、こうしてこの本の解説を書いてくださったのですよね。これは凄いことですし、天地さんの発信力の賜物ですよ。

天地　いや、今話題の朝ドラ作家とつながる大橋さんも凄いです。

大橋　何をおじさん二人で誉め合ってるんだ（笑）。ですが、今一度振り返って思うことは、天地さんは「まだトンネルの中」だし、僕も子どもを四人も抱えて経済的にはまだまだ大変で、発達障害の特性もあって、生活で困ることも多いけど、この本で話してきたように、人との「ご縁」があって人に救われてきたから、僕らはぼちぼちと進んできて、これからもぼちぼち進むだろう、ということです。

天地　「ご縁」に感謝ですね。「一期一会」と言いますが、「一期一縁」ですよ。私の自由律俳句に「一期一縁一期一円」というのがあります。「縁」というものは、人の輪っかにもなるし、仕事へのお金にもなる、という意味です。

大橋　なるほど。「ご縁」があってこそ人と人はつながり、経済も含めたすべての活動は「ご縁」あってこそですものね。故・佐々部清監督が晩年に必ず色紙に書いていた座右の銘も「一期一映」でした。一つ一つの映画との出会いもまた「ご縁」であると。

天地　まさに大橋さんがテレビで映画解説をする時に言われていた「一本の映画で、あなたの人生が変わるかも?」ですね。人との出会い、映画との出会い、本との出会い、音楽との出会い……すべてが「ご縁」であり、人生に影響があります。

大橋　そうですね。この本が出版されるようになった経緯も「ご縁」でした。最初は出版する当てもなく、何となくの作業でしたが、たまたま別の出版の話をいただいていた株式会社ロゼッタストーンの弘中百合子社長に初稿を読んでもらったら、「面白いし、この内容なら読者の共感を得られる」と出版を決意していただけた。その後は、なかなか作業が進まない僕らを温かく見守ってくださり、作業が滞っている絶妙なタイミングで「こう進めたら?」「読者目線を考えたらこんな項目が必要では?」などなど、的確なアドバイスをくださった。本当に弘中社長には感謝しかありません。

天地　こんなヘンテコで凸凹な二人の対談本を出版する勇気を持っていただいて、「ありがとうございます」の言葉しかないですね。

大橋　横山先生は、ご自身が突然、大変な病気と直面されたにも関わらず、私たちの初稿を熱心にお読みいただき、福祉の専門家の立場から、気持ちがこもった素敵な「解説」を書いてくださいました。心から感謝いたします。

天地　お二人をはじめ、この本の出版に関わってくださったすべての皆様方と、私たちをこれまで支援・サポートしてくださったすべての皆様方との「ご縁」に、心から感謝申し上げます。

大橋　そして最後の最後に、弘中社長から、多くの精神疾患、発達障害の当事者を持つご家族の皆さんへのエールも込めて、それぞれの家族にメッセージをいただけないか、というリクエストをもらいました。せっかくの機会ですから、二人の家族へのメッセージの前に、当事者のご家族の皆さんへのエール、ということで話しましょう。天地さん、いかがですか?

天地　そうですね……。精神疾患の場合、私も、私が知る皆さんのご家族も、とてもセンシティブで複雑な家族の事情があるように思います。かつ、家族のことを、自ら発信しづらい文化的な社会的な問題だとも思っています。どのご家族を見ても、サッサッと片付くようなケースはほぼありません。寛容で潤いのある社会づくり、そして、助けを求めたら迷わず助ける社会……。そういう情報が入り込んでくるのを、刻一刻待ちわびている方が、日本で私も含めてどのぐらいいるのか。社会や、サポートをしてくださる方々に期待しすぎかもしれませんが……。私からはそれだけを望みます。すみません、エールになっていないですね。これは、ご家族の方というより、この本を読んでくださる皆さんへ届けたい言葉になってしまいますが、「手の届く範囲で、あなたのサポートを受けたい人はたくさんいるはずです」と言いたいです。

大橋　最後に天地さんの本音を聞いたような気がします。発達障害も同じです。私が知る限り、どのご家族も悩み、苦労を抱えておられるように思います。最近、「カサンドラ症候群」という言葉をよく聞きます。これは、夫や妻、恋人、子どもが発達障害のためにパートナーや親御さんとコミュニケーションが上手く取れないため、パートナーや親御さん側が不安や抑うつなど、心身の不調を起こす状態のことを言います。確かに、パートナーや親御さんから見た時、愛する人や子どもが自分にとって理解不能な言動を繰り返したり、コミュニケーションが取れずにお互いの感情を理解し合えないことが多いと、どうしたらいいか分からなくなって不安が募る、ということはよく分かります。

天地　「カサンドラ症候群」とは初めて聞きましたが、それは精神疾患にも当てはまりますね。パートナーや子どもが精神疾患にかかると、ケアする側も心労がたまって共倒れになる、というケースはありますから。

大橋　これは発達障害も精神疾患も共通していると思いますが、この対談でも話してきたように、ご家族の皆さんには、まず、是非、パートナーやお子様の障害特性について学んでいただき「知って」ほしいということ。そして次に、その特性を「受け入れていただく」ことで、少し楽になったり、心の落としどころを見つけるなど、次のステージに行けるのかな、とは思います。ただその「受容」の大変さと難しさは、僕らも実感しているので分かります。あと、発達障害なら地域の発達障害支援センターや精神科などの専門機関につながることが大事ですが、先程天地さんが言われたように、だからといってすぐに解決するわけでもないし、正直、発達障害に関しても、支援やサポートの体制は、学校や社会も、まだまだ地域や機関によって差があるのも現実です。だからこそ、多くの人にその実態を知ってほしいし、実は身近な問題であることを感じてほしい。そのために当事者である僕らの経験や想いをこの本に綴って出版したのです。天地さんと同じ意見になりますが、多くの方が精神疾患や発達障害について関心を持ち、自分の問題として捉えていただけたら、それはきっと支援やサポートの質や量の充実につながると思います。すみません、これもご家族へのエールになっていないですね。

天地　私も本当にそう思いますよ。

大橋　もう「あとがき」の範囲を超えていますね（笑）。それでは、家族へのメッセージをお願いします。

天地　家族のサポートがないと、ここまでリカバリーできませんでした。感謝しかありません。シャイだけど物心両面でサポートしてくれる父も凄いです。だけど、私にとってはやはり母です。どこへ行くにも何をするにも、彼女の精神的なサポートは、私の生きるナビゲーションです。存在自体が、世界一の精神安定剤ですね。私の句の大半は母を題材にしているのも、私自身が安心できるからです。「母の枕嗅ぐ」「ふかふかの布団お母さんの中みたい」……。最近は、両親への負担が少しでも減らせるように、料理を覚えたり、買い物に行くようにしています。私にはきょうだいもいるので、これからはさらに仲良くしていきたいですね。

大橋　ありがとうございます。僕も、もう二人とも天国に行ってしまいましたが、どんな時も、全く「できない」僕を温かく見守り、僕の可能性をとことん信じてくれた父と母に感謝したいです。そして実は僕の発達障害ゆえの特性に戸惑い、なかなか受け入れられない面もあった、という妻には本当に申し訳ない気持ちです。ですが、それでも「あなたにはあなたにしかない素晴らしいところがある」「私はずっと普通だった。だからこそ、普通じゃないあなたに惹かれた。大変なところもあるけど、最初の自分の気持ちを大切にしながら、時にイライラはするけど（笑）、一緒に年齢を重ねていきたい」という妻に、心から感謝の念を捧げたいと思います。先日、家族で旅行に行ったのですが、子どもたちから「お父さんは威厳も何もないお父さんだったけど、いいんじゃない？ それで」と言われた時はうれしかったです。

天地　お互い、家族には感謝しかありませんね。それでは今一度、すべての「一期一縁」に感謝をし、この辺りで、本当にこの本の締めにしたいと思います。ありがとうございました。

大橋　ありがとうございました。

PROFILE

天地成行（てんち・なりゆき）

1974（昭和49）年山口県徳山市（現・周南市）生まれ。河原幼稚園（お遊戯で「はなさかじいさん」役）、岐山小学校（野球部で６年生の時、不動の３番ファースト）、岐陽中学校（掃除できない美化委員長。せめてトイレのスリッパそろえ）、徳山高校（偏差値教育くそくらえと山口県高等学校青少年赤十字協議会会長）、島根大学農学部（過疎問題研究はどうした⁉ 月に車2000キロ走らせギター奏でる中国地区大学ＥＳＳ連盟連盟長）を経て、東京の下町に本社がある専門新聞社で15年勤め帰郷。精神疾患（障害）を患い、現在は故郷で静養中。自由律俳句との出会いをきっかけに心のリハビリに励んでいるほか、リカバリー（社会参加）で就労継続支援Ｂ型の作業として光市室積「福祉メイキングスタジオうみべ」でＰＲなども経験。またミニコミ誌『みんつど』を主宰し、精神疾患の当事者として発信を続けている。地元ケーブルテレビの福祉番組やコミュニティＦＭ、新聞取材に応じるなど、統合失調感情障害を分かりやすく伝える「翻訳者」としての側面をもつ。特技は、灰皿を町の中でみつけてダッシュすること。著書に自身の半生を綴った著書『わたしは山頭火⁉』（株式会社くるとん刊）がある。山口県周南市在住。

著者プロフィール

大橋広宣（おおはし・ひろのぶ）

1964（昭和39）年山口市生まれ。幼い頃から集団生活に馴染めず、最初の幼稚園を一年通ったところでクビ（退園）となり、転園先の幼稚園を卒園後、小・中学校では授業についていけず、いじめや教師の無理解にも苦しむ。その一方で映像・映画・漫画や読書には異常な興味を示す。「高校進学は難しい」と言われながらも、何とか自宅から通学に往復3時間かかる高校に進学。そこから一浪して地元の私立大学に進学し、卒業後に地元新聞社に就職。就職したその年に「発達障害」の診断を受ける。17年間、主に記者職を務めたあと、2005年に独立し、フリーとなり、雑誌ライターやテレビ番組制作、イベント企画などを手がける。2006年からNHKのＥテレ（教育テレビ）によるテレビ番組「ハートネットTV」への出演をきっかけにいじめや発達障害の当事者としての想いを話す講演活動を全国各地の小・中学校などで展開。「マニィ大橋」として山口県の地上波テレビ局やラジオ局で映画コメンテーターとして活躍し、映画祭の実行委員長なども務め、映画の製作にも関わる。著書に『生きぞこなった夜に虹』（ぷねうま舎刊、咲セリさんと共著）がある。家族は理解ある妻と子ども４人の６人家族。山口県下松市在住。

精神疾患の元新聞記者と
発達障害の元新聞記者が
お互いを取材してみた。

2023年11月23日　　第1刷発行

著　　者　　天地成行　大橋広宣

発 行 者　　弘中百合子

発 行 所　　株式会社ロゼッタストーン

山口県周南市八代828-7（〒745-0501）
電話　0833-57-5254　FAX　0833-57-4791
E-mail　staff@rosetta.jp
URL　http://www.rosetta.jp

印 刷 所　　日精ピーアール

万一落丁、乱丁があれば、当方送料負担で、お取り替えいたします。
小社までお送りください。

ISBN978-4-947767-33-2　C0036